AF341227

LA MORALE D'YQUEM

LA MORALE D'YQUEM

ALEXANDRE DE LUR SALUCES

LA MORALE D'YQUEM

ENTRETIENS AVEC JEAN-PAUL KAUFFMANN

GRASSET - MOLLAT

© 1999, Éditions Grasset & Fasquelle et Éditions Mollat.

Ces entretiens se sont déroulés à Yquem de février à juillet 1999 dans la vieille salle à manger boisée du château, autrefois la chambre de Françoise-Joséphine de Sauvage d'Yquem (1768-1851), personnage dont l'action fut décisive dans l'histoire de ce domaine.

Je tiens à exprimer ici ma gratitude envers Alexandre de Lur Saluces pour sa patience. Mes remerciements vont aussi à Valérie Lailheugue et à Denis Mollat pour leur concours ainsi qu'à Jean Bernard-Maugiron qui a su mettre en forme cette longue conversation à bâtons rompus.

J.-P. K.

I

Jean-Paul Kauffmann – Une première question, Alexandre de Lur Saluces : l'amoureux d'Yquem qui arrive de Bordeaux et se dirige vers Sauternes pour visiter ce domaine croise nombre d'indications de châteaux mais d'Yquem, aucune. Est-ce voulu de votre part ?

Alexandre de Lur Saluces – D'une certaine façon, oui. Je ne souhaite pas attirer des gens que nous ne pourrions pas accueillir suffisamment bien, car je tiens à ce que nos visiteurs soient reçus en fonction de l'effort qu'ils ont fait. Ils ont un peu de mal à trouver ? C'est une façon de sélectionner les amoureux d'Yquem. Mais je ne voudrais pas tomber dans l'excès inverse, dans une forme de snobisme qui laisserait à penser qu'Yquem n'a nul besoin d'indications. J'ai l'intention de faire graver sur les piliers de l'entrée principale le nom « Yquem », simplement. C'est le lieu qui est intéressant, le terroir, pas spécifiquement la construction qui l'incarne. Néanmoins, il restera à trouver le cheminement...
Je préfère m'imaginer que nous recevons des amis, ou au moins des gens passionnés par le vin, que nous privilégions la relation humaine. Parce qu'enfin, le vin, c'est un fait humain.

J.-P. K. – Si j'ai bien compris, Yquem se mérite ?

A. L. S. – D'une certaine façon, comme les éditions rares, c'est un tirage limité. Si on supprimait l'exportation, il n'y aurait après tout qu'une bouteille pour plus de 500 Français. 110 000 bouteilles sont produites par an, par conséquent ce vin est rare. Ce n'est pas qu'une question de prix ; si élitisme il y a, il se trouve dans l'amour du vin. Cette perception, certains la possèdent, d'autres la ressentent moins prioritairement.

J.-P. K. – Vous dites parfois : « La ferveur des gens pour Yquem me fait peur. » Que redoutez-vous ?

A. L. S. – Certains sont allés jusqu'à souhaiter faire répandre leurs cendres après leur mort au-dessus du vignoble... Cette admiration, cet enthousiasme pour Yquem créent des devoirs en retour. Ils impliquent une qualité digne de l'étiquette et nous obligent à des efforts. Des efforts de compréhension, car, de même que certains n'entendent rien a priori à la musique ou à la peinture, d'autres ne font pas du vin un souci prioritaire et préfèrent une boisson industriellement reproductible. En revanche, ceux qui jouissent d'une sorte de sixième sens par rapport au vin, d'une aptitude pour l'échange dans ce domaine, sont des amis ; et ce sont aussi des critiques qui peuvent être très pertinents. Nous n'avons pas le droit de les décevoir.

J.-P. K. – Yquem est cerné par les superlatifs : le plus grand vin du monde, le plus mystérieux, le plus indéfinissable aussi. Que ressentez-vous, quand vous entendez ces propos quelque peu définitifs sur Yquem ? Vous venez de le dire, cela crée des devoirs, mais cela ne vous agace-t-il pas parfois un peu ?

A. L. S. – Non, je ne crois pas – et quand je dis « je », j'associe de fait le maître de chai – et les maîtres de chai successifs[1], puisque maintenant, j'en suis au troisième. Ils sont tous présents dans les millésimes anciens qui leur survivent. Bien sûr, mon équipe subit cette avalanche de superlatifs... Je crois que nous avons tous le même réflexe. Nous considérons que ces hommages sont rendus davantage au stradivarius qu'au musicien. Je distingue le stradivarius, en tant qu'instrument possédant des caractéristiques manifestement exceptionnelles, le tout étant d'être à la hauteur de cet instrument et de jouer juste. Il est évident que l'on ne confie pas un stradivarius à n'importe qui, ni pour jouer n'importe quoi. De même, nous avons un sol complexe que nous entretenons avec respect, continuité. Si un jour ce respect disparaissait, le vin ne serait plus le même. Les compliments reviennent pour une large part à la nature, nous ne sommes jamais en définitive que des accoucheurs. De bons accoucheurs, et souhaitons le rester chaque fois que la nature voudra être généreuse. Ces superlatifs dont vous parlez, s'ils nous créent des devoirs, ne nous étourdissent donc pas. Du moins, ils nous récompensent de nos efforts.

J.-P. K. – Vous qui, depuis 1968, êtes à la tête de cette propriété, savez-vous discerner les gens sincères de ceux qui sont, je dirai, dans l'air du temps, dans un phénomène de mode ? Est-ce que l'expérience vous a appris à faire le tri, un tri successif ?

A. L. S. – Oui, ou des tries successives au féminin, comme nous disons dans le Sauternais. Mais je ne suis pas aussi absolu. Je respecte beaucoup les gens qui sont en recherche. Ils viennent visiter le domaine et demandent : « Mais, pourquoi parle-t-on d'Yquem ? Pourquoi ce vin ? » À l'opposé, il y a cette personne qui m'a écrit, il y a quelque temps : « Surtout, soyez vigilant, je sais que votre vin est le meilleur du monde. J'en parle d'autant mieux que je n'en ai jamais bu. » Elle avait une espèce de respect idéaliste, abstrait, ce qui prouve que l'on peut avoir cette considération pour Yquem indépendamment de sa dégustation...

Il nous arrive assez fréquemment d'entendre des visiteurs s'exclamer : « Ah ! je suis content de déguster ce verre d'Yquem, je n'en avais jamais bu. » Ce n'est pas parce qu'ils n'en ont jamais goûté, qu'ils n'ont pas de références antérieures, que leur propos n'a aucun intérêt. Nous n'avons pas besoin seulement d'experts patentés, codifiés, avec diplômes à l'appui. Au contraire, toute démarche vers la découverte du vin, à quelque étape que ce soit, à condition qu'il y ait un minimum de sincérité, bien sûr, de curiosité et non pas un simple snobisme, me touche. Elle crée un échange précieux.

J.-P. K. – La ferveur pour Yquem devait immanquablement susciter la convoitise. Nous reviendrons plus tard sur le combat qui vous a opposé à Bernard Arnault et qui s'est terminé le 19 avril 1999 par un accord entre les deux parties. Mais pour beaucoup d'amoureux d'Yquem, quelque chose s'est brisé à cette date. Maintenant que LVMH détient 64 % des parts d'Yquem, ces « aficionados » ont le sentiment que ce « vin absolu » a perdu un peu de son intégrité et de sa perfection. Qu'en pensez-vous ?

A. L. S. – Le 19 avril, j'ai signé un accord qui a pour objet d'organiser l'avenir d'Yquem. Il y est convenu que je reste en charge d'Yquem avec tous les pouvoirs et toute l'indépendance voulue en qualité de président du conseil d'administration de la Société d'Yquem. J'ai toutes les raisons de penser, sur la base de cet accord, confirmé par les conversations que j'ai eues depuis avec Bernard Arnault, qu'Yquem, qualifié par vous de « vin absolu », restera ce qu'il est. C'est sa volonté, comme la mienne.
Bernard Arnault, par ailleurs, a indiqué, publiquement, au cours de l'assemblée générale du groupe LVMH, que s'il avait des projets de croissance dans toutes les autres branches d'activité, il considérait Yquem comme un « joyau » qui restera comme il est, auquel on ne touchera pas.

Il faut ajouter que j'ai dirigé Yquem pendant plus de trente ans au profit d'un groupe d'actionnaires familiaux qui n'auraient jamais dû se plaindre de l'évolution d'Yquem. Ils cèdent en effet au moment où précisément ils auraient dû garder leurs participations. Puisqu'ils n'ont pas su comprendre et qu'aucune solution familiale n'est désormais possible, je crois plus satisfaisant de m'appuyer sur un actionnaire plus solide et surtout, extrêmement motivé et sensible à l'aura d'Yquem, à son prestige. J'ai retrouvé une sérénité qui me faisait défaut depuis quelques années.

&a.

J.-P. K. – On a souvent parlé d'Yquem comme d'un miracle. Ce miracle serait constitué par la rencontre de trois éléments : un lieu – nous sommes ici dans un site tout à fait exceptionnel –, une famille – la vôtre –, et un vin. De cette conjonction miraculeuse de trois facteurs nous reparlerons un peu plus tard. Évoquons d'abord le lieu et son nom, « Yquem ». C'est un mot mystérieux, énigmatique, qui ne ressemble à aucun autre de cette région de la Gironde, du Sud-Ouest même. En connaissez-vous l'origine ?

A. L. S. – Elle est sans doute à rapprocher du patronyme et toponyme aquitain « Eyquem » dont le plus célèbre représentant est bien sûr Michel Eyquem de Montaigne. Je pense qu'il y a une origine commune, difficile à élucider, peu latine sans doute vu la consonance du mot (orthographié parfois « Iquem »). Certains la rattachent au Portugal, d'autres au Maroc où il existe effectivement un oued Yquem, qui prend sa source au pied du palais royal à Rabat. La signification en arabe, selon Michel Serres, serait : « colline heureuse ». Interrogé, le consul du Maroc à Bordeaux m'a répondu : « Oui, en arabe, ça veut dire à peu près : "vallée riante"... » On pense également qu'il s'agit d'une variante moderne d'origine germanique : *aig-helm*, *aig* signifiant avoir, *helm*, un casque.

J.-P. K. – Un détail : doit-on dire « château Yquem » ou « château d'Yquem » ?

A. L. S. – À mon sens c'est « château d'Yquem », pour plusieurs raisons, qui est la forme correcte, de la même manière que l'on dit « château de Versailles », ou « château de Chambord » L'hésitation vient du fait que l'usage en Bordelais depuis deux siècles environ est d'accoler le nom du propriétaire au château : « château Lafite » par exemple, du nom du célèbre financier de l'Empire et de la Restauration. Avant la Révolution, le nom d'une famille était assez volontiers associé à une terre et, réciproquement, une terre donnait son nom au propriétaire. « Château d'Yquem » donc, parce qu'il a existé une famille d'Yquem sur cette petite seigneurie pendant de nombreuses années, avant qu'en 1785 mon aïeule Françoise Joséphine de Sauvage d'Yquem épouse un Lur Saluces.

J.-P. K. – Ce château, situé sur une colline surplombant ce couloir d'invasions qu'est la vallée de la Garonne, est à l'origine une ferme fortifiée qui au fil des siècles va se transformer, se métamorphoser...

A. L. S. – ... évoluer. On retrouve ce concept de domaine fortifié près d'ici, à Lafaurie-Peyraguey par exemple. D'autres maisons fortes existaient dans le voisinage, à Fargues, à Budos, à Villandraut, qui sont autant de témoins d'époques peu sûres. Je pense même au site du château Lamothe, à Sauternes, qui peut être rattaché à ce souci défensif. Le nom « Lamothe » est déjà une indication. Si vous le visitez, vous remarquerez un carré planté de vieux, très vieux chênes, qui témoignent de l'ancienneté de ces fossés. Ce système de défense basé sur un monticule de terre en carré n'est manifestement pas récent. Il se dit, d'une façon tout à fait crédible, que c'était une motte, une butte fortifiée du temps des Gaulois ou des Romains. On imagine très bien en lisant *Astérix le Gaulois* des piquets de chêne qui défendent un carré contre les envahisseurs de passage. Yquem devait d'autant plus être défendu que le site est proche de la vallée de la Garonne.

J.-P. K. – Ce qui est émouvant lorsqu'on découvre Yquem, qui s'est donc transformé au cours des générations successives, au fil des siècles, de maison forte en ferme fortifiée puis en château, c'est cette sensation d'harmonie, cette unité qui se dégage de ces métamorphoses. Comment expliquez-vous cela ?

A. L. S. – Je pense que s'il y a harmonie c'est précisément parce qu'il n'y a pas eu ici de prétentions esthétiques abusives. Tous ces styles successifs résument en quelque sorte l'histoire d'une demeure. L'histoire toute simple d'une maison d'Aquitaine. On comprend immédiatement que les créneaux relèvent d'une volonté défensive devenue symbolique. Un peu plus loin, on sent que la maison s'est voulue plus accueillante, elle donne vers le nord sur une terrasse ombragée, très agréable quand il fait chaud, d'où l'on voit la vallée de la Garonne et toutes ses lumières qui scintillent au loin le soir.
Il y a aussi cet exceptionnel silence, qu'on ne remarque qu'au bout de quelque temps : c'est comme si on était maître du bruit. Comme si n'arrivaient à Yquem que des sons acceptés, désirés. J'ai remis en route la vieille horloge, qui doit dater de la fin du xviie siècle. La régularité du mécanisme évoque l'atmosphère paisible d'un monastère. Il y a aussi, autre tonalité, la cloche que Jeannot, le jardinier, agite, quatre fois par jour, pour le début et la fin des temps de travail. On perçoit le crissement des pas sur le gravier. On entendrait presque le bruit qu'on fait quand on marche sur l'herbe de la pelouse.

J.-P. K. – Yquem est donc la « colline inspirée ».

A. L. S. – Oui, par hasard et par chance nous sommes à l'écart des grandes voies de communication modernes, ni TGV ni autoroute ni même de route bruyante. Rien ici qui offense l'oreille. Le pire, ce sont les moteurs de tracteur ou de tondeuse à gazon, mais aucune chose incongrue. Tous ces bruits sont propres à Yquem.

J.-P. K. – Il n'y a pas que le hasard. Il y a aussi un patrimoine sauvegardé grâce au maintien d'une famille, à cette continuité de plus de quatre siècles qui s'est interrompue ou en tout cas modifiée en avril dernier.

A. L. S. – Rien ne laisse penser qu'un changement d'orientation viendra modifier cette continuité que le groupe LVMH s'est engagé à respecter et que l'enthousiasme de son dirigeant me confirme.
Quant à l'histoire des générations qui m'ont précédé, même si elle reste encore pour une bonne part mystérieuse, des choses extrêmement intéressantes ont été mises au jour, par le professeur Roudier d'abord, par les professeurs Michel et Marguerite Figeac[2] ensuite, qui permettent d'entrevoir un petit peu ce qu'ont été mes prédécesseurs et leur ambition pour ce domaine.
Je dois rendre d'abord un hommage sans faille à notre lointaine aïeule, Françoise Joséphine de Sauvage d'Yquem, mariée en 1785, dont la chambre se trouvait dans cette pièce boisée, et qui était héritière, déjà, d'une longue tradition. Devenue très vite veuve de Louis Amédée de Lur Saluces, elle s'est révélée un chef d'entreprise extraordinaire. En effet elle a su mener ce domaine, le développer. Plus encore elle a été un véritable chef de famille, luttant pied à pied contre les abus de la Révolution. Au cours de cette époque troublée, elle fut jetée deux fois en prison.

Elle s'est battue pour sauver tous les biens de sa famille et de sa belle-famille. Elle aimait cette pièce, parce qu'elle pouvait y observer son vignoble de deux côtés différents, par ces deux fenêtres orientées à 90 degrés l'une par rapport à l'autre. C'est elle qui a fait construire le chai en 1826 (des agrandissements, chais et cellier, ont eu lieu entre 1867 et 1874). Cette décision représentait alors une véritable innovation. Cela suppose en effet le passage d'une entreprise uniquement agricole à une entreprise agricole et viticole, c'est-à-dire ayant la possibilité de conserver des vins, de les stocker et de les élever, comme on dit si bien dans le Bordelais. C'était un pari audacieux que de construire ce bâtiment, très important pour l'époque et de plus très bien conçu. Au siècle dernier, il y avait, dans la grande pièce des pressoirs, une organisation très rationnelle : un pressoir sous chaque fenêtre recevant la vendange où s'effectuaient deux premières pressées entre lesquelles on rebêchait[3] le marc ; en face un autre pressoir, plus petit, pour réaliser une troisième pressée.

Françoise Joséphine de Sauvage connut beaucoup de deuils : celui de son mari d'abord, qui était officier, mort en 1788 après trois ans de mariage, puis son fils, Antoine Marie Henri Amédée, lui aussi officier, mort également très rapidement, lui laissant une belle-fille qui n'a pas non plus survécu très longtemps. Elle s'est retrouvée avec deux petits-fils, Romain Bertrand et Ferdinand Louis. Romain Bertrand a été également un personnage marquant de la famille. Mais c'est elle qui a dirigé le domaine jusqu'à son décès. Avec l'aide de l'une de ses deux belles-sœurs chanoinesses, Eugénie Romaine (l'autre est décédée assez tôt), elle a donné à Yquem la notoriété qui est la sienne actuellement. Renommée européenne et même outre-Atlantique puisque Jefferson, futur président des États-Unis d'Amérique, en voyage à Bordeaux en 1787, sélectionna quelques caisses d'Yquem parmi les vins qu'il y acheta et qu'il commanda par la suite.

J.-P. K. – La rencontre des Sauvage et des Lur Saluces en 1785 marque donc une date capitale dans l'histoire d'Yquem, l'entrée dans la période moderne pourrait-on dire ; mais connaissez-vous précisément la date de naissance d'Yquem ?

A. L. S. – Et celle du sauternes en même temps ! En 1593, et je revendique cette date car le temps est très important pour l'élaboration d'un fait comme Yquem. Nous avons d'ailleurs fêté son quatre centième anniversaire il y a quelques années. Pourquoi 1593 ? Parce que c'est l'année où Jacques de Sauvage entra en possession du domaine par un acte d'échange avant que la famille – désormais Sauvage d'Yquem – en achète les droits de tenure en 1711. En fouillant les archives de cette époque, on se rend compte que l'élaboration du vin fait l'objet de soins particuliers à Yquem en harmonie avec la région avoisinante. À travers les correspondances entre deux frères Sauvage, on trouve déjà la recommandation des vendanges tardives, insistant sur la prise de risques pour obtenir la qualité recherchée. On ne parvenait pas encore à la hauteur atteinte par la suite. Tout était mené de manière aléatoire et pragmatique. En outre, le vin était non seulement logé mais aussi vendu en barrique, ce qui posait aux négociants et aux amateurs des problèmes de garde une fois la barrique entamée. La mise en bouteille à partir des années vingt a donc marqué une étape fondamentale dans l'évolution d'Yquem.
Il est intéressant de noter qu'un connaisseur comme Jefferson avait demandé que son vin soit mis en bouteille au château, pratique qui était alors rare et exceptionnelle. À cette époque, la bouteille devait être un luxe et de plus, un contenant mal commode à transporter. Il écrivait dans sa commande : « J'ai persuadé notre Président, le général Washington, d'en essayer un échantillon. Il vous en demande trente douzaines, Monsieur, et moi, je vous en demande dix douzaines pour moi-même. »

J.-P. K. – Revenons-en aux Lur Saluces. À l'origine, il y avait donc les Lur, venus de Franconie, qui se sont, semble-t-il, établis en Limousin, et les Saluces, originaires du Piémont. La ville de Saluzzo, située tout près de la frontière française actuelle, était un endroit stratégique de haute importance.

A. L. S. – Cet État souverain, fondé par l'empereur Otton Ier, était une dépendance du Saint Empire romain germanique. C'était un marquisat de la taille d'un petit département français, comprenant huit châteaux « saluciens » représentant autant de points militaires, de points de défense, et en même temps de lieux d'habitation. Ces châteaux – comme le quartier médiéval très bien préservé dans la ville de Saluzzo – témoignent de la vitalité du marquisat pendant six siècles ; c'était en réalité une marche, c'est-à-dire un endroit stratégique, donc fragile, en conflit avec la maison de Savoie qui a fini par l'emporter dans des guerres locales. Le dernier marquis de Saluces, Jean Louis, est venu se réfugier à la cour de Marie de Médicis après avoir cédé son marquisat à la couronne de France contre trente mille livres de rente en fonds de terre. Cette cession a joué un rôle important dans l'unification de la France, puisqu'elle permit à la Couronne d'acquérir les pays prospères qu'étaient la Bresse, le Bugey et le pays de Gex.
Jean Louis de Saluces a marié sa petite-fille à un Lur, Jean de Lur. Effectivement originaires de Franconie, les Lur sont passés par le Limousin, avant de s'établir en Aquitaine, où en 1472 Pierre de Lur épouse Isabelle de Montferrand qui lui apporte Fargues et Uza en dot. Ensuite les familles de Lur et de Saluces s'associent par mariage et plus tard un Lur Saluces épouse une demoiselle d'Yquem qui est une voisine...

J.-P. K. – Nous en revenons donc à cet événement décisif que constitue pour Yquem le mariage de Françoise Joséphine de Sauvage avec Louis Amédée de Lur Saluces dans la chapelle d'Yquem en 1785. Vous êtes retourné, il n'y a pas si long-temps, à Saluces, et on y apprécie le vin d'Yquem, je crois ?

A. L. S. – Comme dans tout le nord de l'Italie, et en particulier le Piémont. Nous nous y sommes rendus en touristes il y a quelques années, mon fils Bertrand et moi. Nous avons été très étonnés de trouver de l'Yquem présent sur la carte des vins de nombreux restaurants, tout à fait discrets d'apparence mais néanmoins renommés excellents et pleins de charme. Un soir, ayant donné ma carte de crédit pour régler notre repas, le restaurateur est venu nous saluer, nous disant qu'il était heureux de nous rencontrer. Bertrand et moi avons souri, mais chacun pour une raison différente : Bertrand pensait qu'il avait fait le rapprochement entre le nom porté sur ma carte et Yquem, et moi, je pensais qu'il avait fait une relation entre ce nom et la ville de Saluzzo. Je ne sais pas quelle réponse est la bonne.
La dernière fois que je suis allé à Saluzzo, c'était plus formel : le *sindaco* m'a accueilli très chaleureusement, et un professeur historien a donné une petite conférence pour évoquer la branche française des Saluces. Il a rappelé, en particulier, l'action de mon grand-père interviewé par Maurras.

J.-P. K. – Reprenons donc l'histoire d'Yquem à travers votre famille au XIXe siècle. Que se passe-t-il lorsque meurt Françoise Joséphine en 1851, à l'âge de quatre-vingt-trois ans ?

A. L. S. – Il y a eu un passage de témoin, à mon avis très intelligent et très affectif, entre la grand-mère Françoise Joséphine et son petit-fils, Romain Bertrand. Il a pris non seulement en main les destinées d'Yquem, mais aussi de tout un petit empire sauternais. À l'époque en effet, la famille était propriétaire de Coutet et de Filhot – le fils de Mme d'Yquem ayant épousé Mlle de Filhot –, et aussi de Malle, de Fargues, et d'autres propriétés moins importantes comme Saint-Cricq, Pernaud, le château de Podensac etc. Mon arrière-grand-père était paraît-il surnommé le « roi du Sauternais » même s'il conservait, parmi toutes ses possessions, une indéniable préférence pour Yquem. Sans doute considérait-il Yquem – j'en reviens au stradivarius –, comme un lieu exceptionnel, une colline inspirée, un site qui, sur le plan viticole, est touché par une grâce particulière.

J.-P. K. – La richesse de ce patrimoine a dû permettre d'amortir certaines périodes de crise ou de marasme économique et de favoriser cette poursuite du miracle. Car j'imagine que les autres propriétés du Sauternais, plus modestes, avaient beaucoup de mal à survivre.

A. L. S. – Cela dépendait des aptitudes du marché à absorber le vin. Ce marché a toujours été très fluctuant, il fut même à certaines périodes inexistant. Ainsi je pense qu'au tout début du siècle il y a eu des moments où le vin s'exportait difficilement. Mais au XIXe siècle Yquem et ses voisins ont connu une période de pleine prospérité, puisque c'est en 1826 que l'on construisit le chai à Yquem.
Dans la seconde partie du XIXe siècle le phylloxéra a ravagé tous les vignobles, Yquem a été touché comme les autres. Là encore personne n'a baissé les bras. Garros, l'intendant de l'époque, s'est ingénié à trouver une parade à la dévastation causée par ce puceron parasite. Nous avons retrouvé des photos de machines invraisemblables conçues pour vaporiser directement les racines : on croyait à l'époque que l'eau chaude allait noyer le phylloxéra. Cela n'a pas marché et la solution a été trouvée petit à petit, grâce à ce qu'on nommerait maintenant une veille technologique. Les scientifiques ont avancé, à l'époque, que la bonne solution était de greffer nos variétés sémillon et sauvignon sur de nouveaux cépages, les porte-greffes résistant au parasite. Cela supposait l'arrachage de tous

les ceps, la replantation avec des porte-greffes, sélectionnés bien sûr, et le greffage avec tout ce que cette tâche comporte d'aléatoire. Ce fut un travail considérable. Il n'a été possible d'en connaître les effets que bien plus tard, une vigne ne donnant des raisins de qualité qu'au bout d'une dizaine d'années.

❦

J.-P. K. – Vous avez longuement décrit la figure de Françoise Joséphine de Sauvage et évoqué son successeur Romain Bertrand. Quels sont ensuite les personnages importants à Yquem ?

A. L. S. – Son petit-fils Romain Bertrand a passé le relais à Amédée, puis mon grand-père Eugène, son cadet, l'a relayé relativement brièvement avant que mon oncle, le marquis Bertrand de Lur Saluces, prenne les rênes du domaine après la Première Guerre mondiale et jusqu'en 1968.

J.-P. K. – Le marquis Bertrand de Lur Saluces a laissé un souvenir très vif dans le monde bordelais. Pourriez-vous nous le décrire ? Quel genre de personnage était-ce ?

A. L. S. – C'était un homme qui avait du caractère, et parfois même un peu de mauvais, mais je lui suis très reconnaissant d'avoir conservé, précisé et transmis la philosophie d'Yquem. Il témoignait pour Yquem un respect total, sans la moindre concession aux modes du temps. Il était hors de question pour lui d'accepter même des essais de chaptalisation. Il considérait ce procédé comme une perversion, un subterfuge, quelque chose de rédhibitoire pour une propriété comme Yquem. Même si ce procédé est parfaitement légal, Yquem était au-dessus de cette facilité, juste acceptable pour compenser une année médiocre dans une propriété de moindre importance, mais ni à Yquem ni à Fargues il ne l'a acceptée. Cela suppose une résistance aux modes comme aux mauvaises années – il en a connu beaucoup plus que moi –, et un attachement très vif à une éthique.

J.-P. K. – Les années trente ont été terribles pour tout le Bordelais, et vraisemblablement encore plus difficiles pour votre appellation.

A. L. S. – Yquem a de toute façon un rendement bien moindre que toute autre propriété. Nous sommes donc dès le départ quantitativement handicapés, à moins que les prix suivent, que, le multiplicateur étant faible, le multiplicande compense, ce qui n'est pas le cas depuis très longtemps. Le parti pris a invariablement été celui de la qualité contre la quantité, ce qui était une position originale à cette époque. Mon oncle pestait contre ceux qui ne produisaient pas des vins d'une qualité irréprochable. Il considérait qu'Yquem était au-dessus du lot, ainsi qu'en témoignait le marché, et imaginait parfois de créer une appellation spécifique pour Yquem, hors Sauternes, comme c'est le cas, par exemple, pour la Romanée-Conti. Rêve que pour ma part je ne partage pas.

J.-P. K. – Il a donc porté l'appellation à bout de bras. De plus, c'était quelqu'un de tout à fait exceptionnel, un esprit singulier, qui parlait couramment le russe. Il a écrit une biographie de Lomonossof. N'a-t-il pas aussi reçu Khrouchtchev ?

A. L. S. – Il ne l'a pas reçu. Jacques Chaban-Delmas lui avait demandé de prononcer un discours pour accueillir cet hôte d'État au nom du Conseil interprofessionnel du vin de Bordeaux. C'est-à-dire qu'il agissait dans des fonctions officielles, à Bordeaux, étant l'un des rares professionnels du vin à connaître le russe à l'époque. Comme l'idéologie de

Khrouchtchev ne l'enthousiasmait pas outre mesure, c'est le moins qu'on puisse dire, il avait tourné le problème en citant dans son discours des auteurs russes louant le vin de Bordeaux. Khrouchtchev avait été très étonné par sa culture et avait demandé, paraît-il : « Mais qu'est-ce que c'est que ce marquis qui connaît mieux la littérature russe que moi ? » Mon oncle était friand de Pouchkine, de Dostoïevski et d'autres écrivains russes prolixes à propos du vin de Bordeaux.

J.-P. K. – Pourquoi avait-il appris le russe ?

A. L. S. – Il était curieux de tout, toujours en recherche, en mouvement. Pour l'époque il avait un côté adolescent en rébellion. Il était toujours en révolte, jusqu'à bousculer un peu sa famille. À quatre-vingts ans, il était encore furieux d'une réflexion que sa mère lui avait faite lorsqu'il était jeune : « Mais pourquoi apprends-tu le russe, cela ne sert à rien. » Il aurait voulu faire Polytechnique, et il s'amusait à en passer les concours d'entrée. Il était abonné à des revues scientifiques. Avec le marquis de Traversay, qui était polytechnicien et qui a été pendant longtemps son bras droit à Bordeaux, et d'autres matheux de ses amis, il s'amusait à échanger, pendant les réunions professionnelles, des problèmes de mathématiques ou des poésies griffonnés au verso de la convocation. Cela tuait le temps pendant les longs discours inutiles.
En ce qui concerne Lomonossof, je n'ai jamais su si c'est ce grand personnage du XVIIIe siècle russe qui l'a amené à apprendre le russe ou si c'est sa connaissance du russe qui l'a conduit à découvrir Lomonossof. Il était fasciné par cet auteur, qu'il avait surnommé « le moujik ». En réalité, m'a-t-il dit, Lomonossof n'était pas un moujik, c'est-à-dire un paysan, mais un pêcheur d'Arkhangelsk, si brillant qu'un pope l'avait remarqué et fait admettre dans l'école de Saint-Pétersbourg, réservée théoriquement à la noblesse. Ce qui le passionnait

chez Lomonossof, c'est l'esprit universel, à la fois écrivain, poète, dramaturge, mosaïste, auteur de traités scientifiques, grand chimiste – le Lavoisier du XVIIIe siècle russe –, électricien et, en outre, mystique et pochard. Mon oncle avait donc publié en 1933 une biographie de cette force de la nature. Plus tard, le conservateur du musée de Leningrad lui avait écrit : « Votre livre est le plus intéressant qui existe hors de Russie, vous devriez le rééditer. » Il avait commencé à faire les rectifications nécessaires, des recherches l'ayant amené à connaître un peu mieux la vie de Lomonossof. Il m'avait confié qu'il voulait garder la maîtrise totale d'une nouvelle édition, pensant que ce livre gênerait les Soviétiques. En effet Lomonossof avait composé des odes mystiques et des poèmes à la louange de Catherine II de Russie. Il n'y a jamais eu de réédition, puisqu'il est mort entre-temps.

J.-P. K. – Ce n'est jamais par hasard que l'on choisit d'écrire la biographie d'un personnage, à l'évidence votre oncle s'identifiait à ce Russe. En tout cas on retrouve chez les deux hommes la fusion de deux choses souvent contraires, l'esprit scientifique et le sens littéraire.

A. L. S. – C'est sûrement ça. De plus, cet oncle parlait je ne sais combien de langues. Quand j'ai pris les rênes du domaine, une de mes premières initiatives fut de me rendre aux États-Unis, moins pour affirmer la notoriété d'Yquem, intacte grâce à lui et à ses voyages, que pour relancer la consommation. Avant de partir, je me suis précipité chez Berlitz pour rafraîchir mon anglais. La personne qui m'a reçu m'a aussitôt dit : « Nous avons eu un client Lur Saluces qui était abonné. » J'ai alors demandé : « Oui, c'était mon oncle, quelle langue travaillait-il ? » Elle a feuilleté ses fiches et m'a répondu : « Eh bien, pratiquement toutes ! » Il s'y rendait fréquemment pour apprendre l'allemand, l'anglais, l'espagnol, l'italien. Il avait évidemment fait des études gréco-latines chez les jésuites de Florène, en Belgique, et il pratiquait le plus de langues possible parce que ça lui paraissait faire partie de la culture.

J.-P. K. – Pourquoi en Belgique ?

A. L. S. – Il est allé en Belgique, comme mon père, parce que mon grand-père avait été sanctionné par une peine de bannissement pour ses activités politiques. Je n'ai pas connu ce grand-père, mais j'en garde l'image d'un homme sévère. C'est une impression subjective mais je le vois comme un homme rigoureux et austère. Et ses discours ou ses écrits me restent difficilement lisibles.
Ceci dit, il a été incontestablement très respectueux de ce domaine et méthodiquement attentif. J'ai vu ses carnets de notes, j'ai pu apprécier la minutie avec laquelle il relevait ce qui se passait, les questions qu'il se posait, les raisonnements qu'il tenait.

J.-P. K. – Il a été banni à la fin du XIXᵉ siècle, au moment de l'Action française. C'est bien lui qui est interviewé dans le livre de Maurras *Enquête sur la monarchie* ?

A. L. S. – Oui, il y a toujours eu dans ma famille un très important attachement à la cause monarchiste, légitimiste pour être précis, comme à la tradition militaire. La grand-mère Sauvage d'Yquem était monarchiste, on s'en aperçoit à travers ses lettres. Son petit-fils était le délégué pour le Sud-Ouest du prétendant au trône, et mon oncle a hérité à son tour de cette fonction.

J.-P. K. – On parle souvent de la rivalité qui opposait Philippe de Rothschild à votre oncle. Comme beaucoup de personnes invitées à Mouton, il m'est arrivé de boire de l'Yquem granité qui sortait du congélateur. Et votre oncle prétendait que

Mouton était tout juste bon à servir de fond de sauce pour la daube. N'y avait-il que du folklore dans cette querelle ?

A. L. S. – À force d'entendre ressasser l'histoire du granité, j'ai fini par inventer une réponse consistant à dire qu'en cas de rhume, mon oncle prenait du vin chaud avec de la cannelle et je vous laisse déterminer de quel cru venait le vin.
Je regrette que ce genre d'histoire, appartenant au passé, alimente encore la chronique, alors qu'il y a mieux à dire. Ces deux acteurs du monde du vin de Bordeaux avaient du caractère, du mauvais à l'occasion, et ces deux fanatiques de théâtre auraient dû s'entendre au moins dans ce domaine. Ils ont beaucoup apporté au vin de Bordeaux, chacun à leur manière, et en tout cas aux deux appellations où ils déployaient leur activité. J'entretiens personnellement de très bonnes relations avec Philippine de Rothschild, même si elle n'a pas investi en Sauternais, comme son cousin Éric à Rieussec.

J.-P. K. – Personnalité bordelaise, votre oncle a également joué un rôle important dans l'administration de l'appellation Bordeaux, à l'instar de Philippe de Rothschild, pendant une quarantaine d'années.

A. L. S. – Il a été l'un des fondateurs de l'Académie du vin de Bordeaux, et à l'origine du Conseil interprofessionnel du vin de Bordeaux, président de l'Union des syndicats à Sauternes, président du Syndicat des grands crus à appellation contrôlée, etc. Toutes ces responsabilités dans le domaine économique lui seront d'une certaine manière utiles lorsque, rappelé comme capitaine d'artillerie en 1940, il fut fait prisonnier par les Allemands...

J.-P. K. – Il a combattu aussi pendant la Seconde Guerre mondiale ?

A. L. S. – Oui, bien qu'ayant été gazé pendant la première. Cette deuxième guerre l'a profondément marqué, puisque son régiment a été fait prisonnier en quelques jours. Pendant deux ans environ, Yquem a été dirigé par son régisseur. À sa mort, mon père, qui était chef de famille nombreuse et donc non mobilisable, est venu à Bordeaux pour lui chercher un successeur. Grâce au courtier Pierre Chauvot, il a engagé M. Jacob qui a assuré avec succès l'intérim.
En partant en 1940, mon oncle avait donné des instructions pour qu'on ne vende que ce qui était nécessaire pour payer le personnel. À son retour, en 1942, le régisseur lui a annoncé : « Nous sommes prêts pour mettre sur le marché le 1939. » Il avait eu cette satisfaction, mitigée bien sûr, mais enfin la satisfaction de voir qu'on avait accumulé trois années de récolte, ce qu'il estimait être un avantage précieux mais difficile à constituer financièrement.

J.-P. K. – Quelle était la vie à Yquem à son retour, de 1942 jusqu'à la Libération ?

A. L. S. – Tout a recommencé dans ce monde qui était encore, j'ai envie de dire : paysan, rural, dans le sens où il y avait encore des attelages, des chevaux. Il n'y avait pas de tracteur, ils sont arrivés bien plus tard. Dès lors que la mécanique a commencé à s'imposer, on a glissé progressivement vers d'autres méthodes un peu moins empiriques, même si l'observation est toujours essentielle. Un exemple : en 1968 une voiture de la banque apportait des piles de billets et de pièces de même valeur qui servaient à préparer la paye du personnel. On établissait à l'époque une feuille de salaire par famille.

J.-P. K. – Par famille ?

A. L. S. – Oui et l'une des premières instructions que j'ai cru bon de donner quand je suis arrivé fut d'établir une feuille individuelle de salaire. Par la suite, j'ai suggéré qu'on verse les salaires par chèque, en faisant valoir que ce serait infiniment plus simple. On m'a objecté que personne n'avait de chéquier. J'ai insisté : « Ça incitera tout le monde à avoir un compte bancaire. »

1. Maîtres de chai au XXe siècle : Pierre Lafont (environ 1903-1922), Louis Henriot (environ 1922-1955), Roger Bureau (1955-1970), Guy Latrille (1970-1997), Sandrine Garbay (depuis 1997).
2. Marguerite Figeac-Monthus, *Les Lur Saluces d'Yquem de la fin du XVIIIe siècle au milieu du XIXe siècle*, éditions Mollat, 1999.
3. Opération qui consiste à retourner à la fourche les marcs égouttés après un premier pressurage.

II

PASSAGE DE TÉMOIN. – LE COMTE ALEXANDRE.
DÉBUTS DIFFICILES. – 82 500 BOUTEILLES. – LE TOURNANT
DES ANNÉES 80. – PREMIÈRES VENDANGES TARDIVES.
LE VOYAGE DE JEFFERSON. – LE MYSTÈRE DU BOTRYTIS CINEREA.
LA MOSAÏQUE D'YQUEM. – À LA RECHERCHE DE FUMIER.

J.-P. K. – Votre oncle meurt en 1968, et c'est vous, Alexandre de Lur Saluces, qui allez prendre sa suite. Saviez-vous que vous alliez être destiné à la direction d'Yquem ?

A. L. S. – Je l'ai pressenti en 1966, lorsque mon oncle m'a appelé auprès de lui. Ce projet a été confirmé par des conversations et des échanges épistolaires entre mon oncle et mon père, mes tantes, mon oncle Hainguerlot, certains de mes cousins et de mes sœurs, tous inquiets pour l'avenir d'Yquem. Ils ont été soulagés d'apprendre les intentions de mon oncle. Il faut dire qu'à l'époque, mon frère Eugène avait rompu toutes relations avec sa famille.

J.-P. K. – Mais vous disiez tout à l'heure que vous étiez issu d'une famille nombreuse. Vous n'étiez pas l'aîné et pourtant vous avez pris la succession.

A. L. S. – En 1925, mon oncle, respectueux de la tradition qui est illustrée par le testament de Françoise Joséphine, notre ancêtre, avait tout naturellement choisi, pour la forme, et conformément à l'usage familial, mon frère aîné, alors âgé de trois ans. Très naturellement, en homme avisé, célibataire, il voulait laisser ses biens à un neveu Lur Saluces. Encore fallait-il que son neveu fît ses preuves. Il n'en a sans doute pas été convaincu. C'est ainsi qu'il m'a appelé à ses côtés. Il avait repris son vieux testament pour le modifier, mais son décès l'en a empêché. Aussi, à la mort de notre oncle, sa volonté étant connue, son notaire a-t-il consulté le bâtonnier des avocats de Bordeaux de l'époque pour suggérer, à mon frère aîné et à moi-même, un accord qui mette sereinement obstacle à tout conflit possible entre nous, l'un s'appuyant sur le testament de 1925, l'autre sur les écrits et les témoignages oraux. Il n'était pas en outre dans la vocation de mes frères de gérer un tel patrimoine.

J.-P. K. – Les journalistes qui ont rencontré votre frère Eugène sont étonnés qu'une plainte contre X ait été portée par vous pour « abus de faiblesse ».

A. L. S. – Les journalistes que vous évoquez ne sont peut-être pas de grands psychologues, selon toute apparence, de toute façon, leur ambition n'est sûrement pas là. Un cousin, qui souhaite se venger d'un désaccord dans lequel nous n'avons aucune responsabilité, a insidieusement persuadé mon frère que j'avais pris sa place ; ce dernier s'est laissé entraîner dans ce raisonnement, une évidente preuve de faiblesse de caractère, pour ne pas dire plus. En l'occurrence, Eugène s'est trompé d'ennemi, ce qui est au moins un manque de jugement. Il ne faut pas oublier que pendant trente ans mon frère ne s'est pas plus occupé de ses affaires que de celles que nous avions en commun. Disons qu'il est absent. Yquem suscite beaucoup d'admiration, mais cela ne va pas sans des témoignages de jalousie parfois aiguë qui me visent maintenant que mon oncle n'est plus là pour servir de cible.

J.-P. K – Il n'empêche que votre frère détenait 47 % des parts et vous 7 %. N'a-t-il pas été lésé malgré tout ?

A. L. S. – Pour être précis, mon frère et moi détenions 47 % des parts d'Yquem plus nos parts en propre ; nous avions donc la majorité, et il a fallu un concours de circonstances extraordinairement pervers pour lui faire croire que son devoir était de vendre « ses parts » afin de mettre la paix dans notre famille. Je dispose depuis trente ans d'un mandat de gestion de nos biens communs qui a toujours convenu à Eugène. Comment soutenir par ailleurs qu'il aurait pu être lésé avec la valorisation extraordinaire d'Yquem au cours des trente dernières années ?

J.-P. K. – Votre cousin germain Louis Hainguerlot avait été un moment pressenti par votre oncle pour lui succéder. Est-il vrai qu'il a été renvoyé parce qu'il ne portait pas le nom de Lur Saluces ?

A. L. S – Ce n'est pas tout à fait l'histoire. Mon oncle avait accepté de prendre son neveu Hainguerlot, à sa sortie de l'École d'agronomie, comme gérant adjoint. Hainguerlot ne s'était pas entendu avec le gérant en titre, qu'il avait poussé à partir. Par la suite, mon oncle ne l'a sans doute pas trouvé à la hauteur de la tâche et l'a aidé à rechercher un autre emploi en le présentant à son cousin Vogüé, alors président de Moët et Chandon. Hainguerlot y a terminé sa carrière près de Sauternes dans une usine de Landiras, où sans doute il a réveillé une vieille rancœur. Sa retraite lui a laissé le loisir de nourrir cette hostilité. L'histoire remonte à une époque où je faisais mon service militaire ! Il avait, en 1962 en quittant Yquem, indiqué qu'un des regrets de sa vie était de ne pas s'appeler Lur Saluces, et, montrant ses valises au chef de culture de l'époque, il lui avait confié qu'un jour elles reviendraient. Que puis-je faire pour atténuer des sentiments aussi extravagants ?

J.-P. K. – Quelle a été votre existence, avant qu'en 1968 vous ne preniez les rênes d'Yquem ?

A. L. S. – J'ai été étudiant à l'École des hautes études commerciales de Lille jusqu'à vingt-cinq ans environ, puis je suis parti faire mon service militaire en Algérie, vingt-huit mois, dans un régiment de parachutistes, le 6e RPIMA. De cette guerre, on ne comprenait pas grand-chose. J'en ai vécu les derniers mois, avant que mon régiment soit renvoyé en France, en 1962. Entre 1962 et 1967, j'ai commencé une carrière orientée vers la gestion, puis à sa demande j'ai rejoint mon oncle à Bordeaux, où il souhaitait m'initier à ses affaires.

J.-P. K. – Veniez-vous souvent à Yquem, quand vous étiez enfant ?

A. L. S. – Non, pratiquement jamais. Je connaissais très peu Yquem. Aux côtés de mon oncle, j'ai pu en saisir la philosophie. Je crois qu'inconsciemment, je me suis imprégné d'un esprit qui m'a permis d'assurer le relais.
Par ailleurs, lorsque j'ai pris la destinée de ce domaine, dans une période difficile pour le Sauternais et pour Yquem en particulier, il ne restait que quatre mois de trésorerie dans les caisses. En plus allait tomber une avalanche de droits de succession à régler au Trésor public. Tout le monde pensait à Bordeaux qu'Yquem était perdu, qu'un cru aussi coûteux en même temps qu'aléatoire n'était plus de notre époque, qu'après le marquis Bertrand l'appellation allait sombrer et que le domaine serait vendu. Je suis allé plusieurs fois aux États-Unis pour relancer les ventes. Au bout de six mois, j'y voyais déjà plus clair. J'ai réuni les courtiers, Pierre Chauvot et Daniel Balaresque, pour leur faire part de mes ambitions. Ils se sont montrés particulièrement attentifs et efficaces, le négoce de Bordeaux a suivi avec sympathie, et nous avons repris la commercialisation, d'une manière assez besogneuse mais progressivement active. L'époque était loin d'être prospère, surtout pour Yquem.

Claude Henri de Lur, marquis de Saluces (1731-1796).

Louis Amédée de Lur Saluces, comte de Lur.

Marche du régiment de Saluces de Philidor.

Fargues, l'un des berceaux de la famille Lur Saluces.

Portrait de Françoise Joséphine de Sauvage.

Chambre de Françoise Joséphine de Sauvage.

Charlotte Thérèse Victoire de Chastellux (épouse de Romain Bertrand),
1816-1890.

Romain Bertrand de Lur Saluces (1810-1867).

Pierre Lafont, maître de chai à Yquem (1903-1922).

Château d'Yquem, le cuvier (fin du XIXᵉ siècle).

J.-P. K. – Qui plus est, 1968 avait été un millésime désastreux !

A. L. S. – Très difficile à vendanger, avec des écarts de qualité qui ont obligé à rejeter une part très importante de la récolte. Mais il restait quelques barriques qui atteignaient un niveau honorable, digne de porter l'étiquette d'Yquem. J'ai confirmé le sentiment de mon prédécesseur à leur égard.
Ce qui était plus problématique, c'était de trouver un enthousiasme pour les millésimes précédents, à un prix suffisant pour faire tourner l'entreprise. Ce fut mon souci pendant les premiers mois de 1969. Dans le même temps, il fallait régler toutes les contraintes d'une succession compliquée et dramatiquement onéreuse.

J.-P. K. – Vous êtes donc vite entré comme vous dites dans le vif du sujet, dans une période de crise de l'appellation, à une époque de marasme économique et de difficultés financières. Il fallait prendre des décisions sans attendre... J'imagine que vous avez connu des moments difficiles ?

A. L. S. – Je ne me rendais pas compte que c'était aussi périlleux. Il y avait alors un régisseur qui était en fonction depuis 1962 et qui faisait face à ses responsabilités. Mon oncle, s'il ne venait que deux fois par semaine, était constamment informé par téléphone ou par courrier de la marche du domaine.

J.-P. K. – Il ne venait que deux fois par semaine !

A. L. S. – Oui, sauf nécessité. Mais il remplissait des fonctions extérieures de représentation ou professionnelles. Quand j'ai repris Yquem, tout en m'occupant de Fargues et surtout d'Uza[1], j'ai cherché quels étaient les points d'accroche. Quand je voyais des gens visiter Yquem et dire : « Votre vin est merveilleux, c'est un vin historique, on le trouve cité dans la littérature, mais il est tellement cher qu'il n'est pas à notre portée, nous ne pouvons pas nous l'offrir, etc. » je trouvais l'argument dérisoire, un mauvais alibi. Quelque chose n'allait pas. Aussi fallait-il relancer une forme d'animation autour de ce nom, certes prestigieux mais ne provoquant pas un acte d'achat.

J.-P. K. – Il y avait donc, à cette époque-là, un blocage ?

A. L. S. – Le prix est une notion relative. Une bouteille peut être, à bon droit, considérée comme chère pour ceux qu'elle ne tente pas ou qui ont d'autres priorités, et d'un prix largement justifié par ceux qui observent en contrepartie la qualité exceptionnelle du vin, liée au terroir, au travail, à l'exiguïté de la récolte comparée aux soins nécessaires, à l'histoire qui se rattache à ce vin, à la pérennité dans la qualité qu'on trouve d'un millésime à l'autre. Il y a des raisons objectives, il y en a d'autres qui relèvent d'une certaine subjectivité. À cette époque, et en France, on entendait davantage évoquer le prix que tout ce qui participe à faire d'Yquem un vin d'exception. Et si on veut faire des calculs sur la base du rendement, un vin peu cher.
Sur ces bases, j'ai vécu quelques années en obtenant des prix un peu plus élevés et en mettant de côté un peu de trésorerie pour les mauvais jours. Arrive 1971, année maigre en quantité mais de bonne qualité. Puis 1972, qui fut un désastre sans appel. La météo fut si médiocre pendant les vendanges qu'aucune journée de cueillette ne put être sauvée. Statistiquement, je pensais que 1973 serait une revanche. Ce fut une petite année en quantité, seules quelques barriques étaient dignes de la signature Yquem-Lur Saluces. Ma conception des statistiques me laissait optimiste pour 1974. Ce fut un nouveau désastre, pire que 1972. La pluie tenace pendant les vendanges n'avait laissé aucune chance. Aucune des barriques

récoltées aussi bien que possible n'avait pu atteindre le niveau minimum de qualité exigé pour Yquem. Pire, une crise avait fragilisé toute la commercialisation des vins de Bordeaux avec une telle violence que les négociants n'ont pu acheter que quatre caisses dans l'année.

Ce n'était pas tout. Au bout de cette année terrible, j'ai refait les calculs dont mon prédécesseur m'avait donné le résultat. Selon lui, la moyenne de production d'Yquem, calculée sur vingt ans, terme qui ratisse toutes les catastrophes possibles, est de 82 500 bouteilles. En respectant ce chiffre, on doit toujours avoir de quoi alimenter le marché d'une part, la trésorerie de l'autre.

Si j'avais écoulé 82 500 bouteilles en 1974, j'aurais dû très vite anticiper sur la mise en bouteille du millésime le plus ancien, toujours en barrique. Le stock tampon n'était donc plus suffisant. Et d'ailleurs, nous n'avions pas obtenu 82 500 bouteilles en moyenne, au cours des récentes vendanges. J'ai donc revu mes pronostics en tablant sur une production bien moindre, de 66 000 bouteilles. C'est le chiffre que j'ai respecté pendant les dix années suivantes.

La vendange 1975 m'a permis de me réconcilier avec la météorologie et avec le sauternes. Les années soixante-dix furent des années difficiles sur le plan commercial, heureusement sauvées en qualité par un 1975 qu'on attendait magnifique et qui est maintenant devenu transcendant. Ce millésime est meilleur encore à mon goût que le 1967, qui est porté aux nues.

J.-P. K. – C'est un millésime mythique.

A. L. S. – Oui, et il fut suivi d'un 1976 très abondant et de grande qualité aussi. 1977, 1978 et 1979 ont été besogneux, tous trois additionnés étant inférieurs en quantité à 1980. Et puis sont arrivées les années quatre-vingt, qui ont été somptueuses, à tous points de vue. Avons-nous mieux travaillé ou la nature a-t-elle été plus complaisante ? Cette décennie nous a permis de remonter la moyenne. Entre-temps, j'avais demandé qu'on complante les pieds manquants. C'était considérable : près de 30 000 pieds, qui représentaient l'équivalent de 5 hectares. Pendant les dernières années, on avait été contraint de faire certaines économies, et les pieds de vigne disparus n'étaient pas remplacés, on ne mettait plus de fumier, on ne renouvelait plus les tracteurs.

Le premier investissement important que j'ai décidé, préférant laisser la maison en l'état, est une fumière. Puis il y a eu de nombreuses améliorations, l'achat de tracteurs de plus en plus performants. Tous ces changements ont fait que de 66 000 bouteilles par an on est repassé au bout de quinze ans à 80 000, puis à 90 000, et maintenant à 100 000 voire 110 000 bouteilles avec un niveau d'exigence bien plus grand encore dans la sélection. C'est le résultat d'une politique de soins minutieux étalés sur trente ans.

J.-P. K. – Le passage aux années quatre-vingt est donc pour Yquem un tournant important ?

A. L. S. – Oui, à partir de 1980, les récoltes sont à la fois plus abondantes et d'une qualité très homogène. Elles profitent certainement des améliorations successives apportées par étapes à ce domaine grâce aux meilleurs prix obtenus. La régularité caractérise cette décennie. Le commerce aussi est devenu beaucoup plus attentif, certes avec des hauts et des bas, avec des périodes plus rugueuses, mais les résultats d'Yquem témoignent de la croissance et de la bonne santé de ce domaine.

&

J.-P. K. – Y a-t-il toujours eu de la vigne à Yquem ?

A. L. S. – C'est très probable, mais pour l'affirmer il faudrait des documents écrits ; or, à ma connaissance, on ne retrouve pas de témoignages antérieurs au XVIIe siècle. On cultive certainement la vigne depuis très longtemps dans la région sur ces sols pauvres. À part la vigne et le pin, que peut-il pousser d'autre ? Mais quelle vigne, et pour produire quel vin ? Comment s'y prenait-on il y a quatre ou cinq siècles, quand, par exemple, il n'y avait pas de fil pour palisser les pieds de vigne ? Quel était le marché à l'époque ? Quels étaient les goûts des consommateurs et, au passage, leur nombre et le prix qu'ils acceptaient de consacrer aux meilleurs vins ? C'est impossible à imaginer.

J'ai retrouvé un carnet de mon grand-père Eugène de Lur Saluces, indiquant que la propriété était bien équilibrée à son sens. Il y avait un tiers de pin, un tiers de cultures diverses (dont des prairies pour le foin nécessaire aux chevaux et aux bœufs) et un tiers de vigne. C'était au début du siècle, mais on peut imaginer qu'il en était de même en des temps plus anciens ; on recherchait un équilibre à travers plusieurs mises en valeur du sol plutôt qu'à développer une monoculture visant un vin exceptionnel et onéreux.

J.-P. K. – La condition indispensable pour obtenir un vin de Sauternes est le développement de la pourriture noble, le fameux *Botrytis cinerea*. Quand et comment a-t-il surgi ici ?

A. L. S. – Le botrytis existe dans toute la nature et à toutes les époques : tout ce qui est végétal périt essentiellement par le botrytis. Ce petit champignon détruit les végétaux, c'est un parasite de la vigne. Il en existe de nombreuses variétés. Certaines ont un effet positif avec certains raisins de certains cépages. Le botrytis a toujours existé, on cherche en général à l'éviter, on le combat même dans tout vignoble qui se respecte, sauf à Sauternes après le Ier août. Dans certaines circonstances en effet, et dans quelques régions comme la nôtre, on a statistiquement plus de chances de tirer de ce petit champignon un parti positif, à condition de surmonter ses caprices. Il y a là un mystère : pourquoi les choses réussissent-elles mieux ici qu'ailleurs ? On a avancé toutes sortes d'hypothèses pour l'expliquer, en particulier l'effet du brouillard né dans la petite rivière du Ciron.

J.-P. K. – La pratique régulière des vendanges tardives, où l'on commence systématiquement à élever des vins « botrytisés » date de quelle époque ?

A. L. S. – Cette pratique a dû s'installer très progressivement, au fil de l'observation et de l'évolution des techniques. De plus, ce n'est que peu à peu que les consommateurs se sont enthousiasmés pour ce type de vin justifiant des efforts extravagants, des contraintes hors normes.

Quelques documents existent, notamment un acte notarié du 4 octobre 1666, établi à l'occasion d'un litige entre « François Sauvage, sieur Diquem », et certains de ses tenanciers qui voulaient vendanger trop tôt. Il est précisé dans cet acte : « Il n'est cousteume de vendanger annuellement en Bousmes et Sauternes que vers le quinziesme d'octobre. » Un autre souvent cité, celui de Bidet, daté de 1759, parle à propos des sauternes de « vins doux et liquoreux ».

Pour répondre à votre question, il faut savoir que les récoltes sont alors excessivement variables, comme la maîtrise qu'on en a. L'audace des tries successives est un pas qui n'a été franchi qu'au xixe siècle. Auparavant, on se contentait de vendanger tardivement, quand le temps le permettait et sans doute les acheteurs se voyaient-ils offrir des barriques d'une qualité différente selon le prix qu'ils voulaient bien proposer. Les viticulteurs ne disposaient pas de cuves pour assembler, homogénéiser leurs récoltes. C'est un tel choix qu'a dû faire Jefferson, venu visiter les vignobles bordelais, quand il a acheté sa provision d'Yquem, pour lui-même et pour son prédécesseur, Washington.

L'évolution des marchés, pour ne pas dire des consommateurs, a conduit progressivement à organiser la production à Yquem d'une manière beaucoup plus méthodique, comme le prouve la construction du premier chai digne de ce nom en 1826. Auparavant, il devait y avoir, comme on en fait l'expérience certaines années, des millésimes pour lesquels tout naturellement on ne pouvait éviter d'obtenir des vins très liquoreux et particulièrement succulents. Ce sont nos années faciles. Il y en a moins d'une sur dix, voire quinze.

J.-P. K. – « Éviter », cela veut-il dire qu'on aurait souhaité faire autre chose ?

A. L. S. – En fonction des goûts des consommateurs, des modes aussi, on ne cherchait pas spécialement à produire des vins liquoreux. Devant le succès de ces vins, je dirai accidentels, on a accepté de considérer que là était notre vocation. Les légendes permettent d'expliquer simplement et symboliquement ce qui est complexe à exposer. L'une d'entre elles, qui veut qu'un de mes ancêtres soit arrivé en retard pour faire les vendanges, a pour mérite d'expliquer d'une manière simpliste un phénomène très complexe. À travers cette légende, on imagine qu'il s'est produit une sorte d'accident, une prise de conscience : « Mais finalement, ces raisins pourris, chez nous, ce n'est pas une catastrophe. »
À l'inverse des autres vignobles qui craignent la pourriture comme on craint un parasite, nous essayons d'en tirer parti. Parfois les choses tournent mal, mais assez souvent le résultat est positif, moyennant le sacrifice d'un rendement normal, comparable à celui des autres vignobles. Au fond, comme l'effervescence en Champagne, qui était à l'origine un handicap, nous avons transformé sans trop le vouloir ou le savoir un défaut en bienfait de la nature.
Je crois beaucoup à l'accident, que nous avons essayé de

maîtriser par l'observation, par le travail, par le savoir-faire. Il reste néanmoins un paramètre insurmontable à Yquem et dans le Sauternais : les conditions climatiques. Nous ne sommes pas maîtres de la météo. Elle n'est pas seulement déterminante au moment des vendanges mais aussi toute l'année. Les éléments météorologiques concourent en effet à faire un millésime, à permettre l'aboutissement heureux de la pourriture noble. Mais il faut rendre à César ce qui lui appartient. Ce sont les amateurs, les « aficionados », qui ont incité par leur enthousiasme les viticulteurs du Sauternais à faire du sauternes. C'est l'inverse d'une démarche « marketing ».

J.-P. K. – Vous parliez tout à l'heure de Jefferson, et de sa commande de vin d'Yquem pour son compte et celui du général Washington, qu'il a « persuadé d'en essayer un échantillon ». Lors du compte rendu de son fameux voyage en France, en 1787 je crois, il fait allusion à ces vins blancs du Sauternais en disant : « Ils sont supérieurs, plus estimés que les graves. » Il ne précise pas si ces vins blancs sont des vins liquoreux, ou des vins secs... Pensez-vous que ces vins étaient déjà botrytisés ?

A. L. S. – Je crois que Jefferson avait le sens du détail. À l'évidence, il a sélectionné des récoltes, dégusté et choisi des lots, comme le faisaient d'ailleurs les négociants. La sélection qui a été présentée à Jefferson devait être d'une très grande qualité, comme d'ailleurs les deux millésimes, 1784 et 1787, qu'il a choisis. Cette qualité était nécessairement le résultat de vendanges transformées par le botrytis.
On a retrouvé des bouteilles de sauternes très anciennes, datant du début du XIXe siècle, qui contiennent effectivement des vins absolument liquoreux. Je crois qu'il est difficile, en tout cas pour certains millésimes ou pour des fractions de millésimes, d'éviter dans notre région que le vin ne soit liquoreux. Il suffit d'attendre un tout petit peu et le phénomène se fait

naturellement. On n'a pas besoin alors de vendanger par tries successives. Pour le coup, c'est l'exception exemplaire. Normalement, il faut aider la nature en triant les raisins convenablement pourris.

J.-P. K. – Vous venez d'évoquer ces vieilles bouteilles de sauternes datant du début du XIXᵉ siècle. J'ai le souvenir de dégustations de vieux flacons d'Yquem datant de la fin du XVIIIᵉ qui proviendraient de la cave de Thomas Jefferson. Comment peut-on être sûr de leur authenticité ?

A. L. S. – J'ai eu une fois l'occasion de participer à la dégustation de bouteilles d'Yquem supposées provenir de la cave de Thomas Jefferson. Je suis embarrassé pour en parler, tant la question de la conservation de ces bouteilles me laisse perplexe. Comment était faite la mise en bouteille à cette époque, avec quel lot de la récolte, puisqu'il me semble impensable qu'en ce temps-là il y ait eu un assemblage de la totalité du vin récolté ? Au-delà, quels repères avons-nous pour authentifier le vin ?
Il m'arrive de faire preuve de méfiance devant la fragilité des preuves de flacons dont la source me paraît mystérieuse. En semblable cas, la fameuse « traçabilité » devient un acte de foi.

❧

J.-P. K. – Pourriez-vous préciser ce qu'est exactement le *Botrytis cinerea* ?

A. L. S. – Sans rentrer dans les détails scientifiques, le botrytis est un champignon microscopique, dont on peut observer les stades d'évolution au microscope électronique. Il colonise très progressivement le raisin, s'accroche, fait de petites taches à l'extérieur de la peau des grains puis, progressivement, instille des filaments sous la peau sans la blesser, sans faire couler le jus. Il commence alors à transmuer, à opérer une véritable alchimie du jus, en le débarrassant d'une partie de son eau et en se nourrissant du sucre et des éléments acides. Le résultat pratique est le suivant : beaucoup moins d'acidité et de sucre, mais ce sucre se trouve concentré par l'évaporation de l'eau. Il reste en réalité beaucoup plus de sucre dans un volume de jus diminué.

Notons que ce petit champignon est en compétition avec des bactéries et d'autres sortes de champignons concurrents de la pourriture noble et qui, bien entendu, sont néfastes et prennent le pas dans les mauvaises années. D'où le travail de bénédictin des vendangeurs. Ils doivent trier soigneusement le bon grain et l'ivraie – si on peut prendre la comparaison –, sélectionner les grains qui sont à point en laissant ceux qui ont des chances de prospérer. Enfin éliminer les grains qui ont définitivement mal tourné ou qui ont été piqués par des insectes ou des oiseaux et qui pourraient se développer et contaminer des raisins encore prometteurs. Trois opérations à la fois ! C'est à ce prix et, bien entendu, au sacrifice de la quantité qu'on peut tirer parti d'une vendange. Adapter, en somme, le travail d'une année pour reconstituer ce qui se fait spontanément et relativement facilement lors d'autres années plus heureuses, plus faciles.

J.-P. K. – C'est donc un phénomène absolument imprévisible et incontrôlable ?

A. L. S. – On n'est pas plus maître du botrytis que de la météo, on ne peut que l'observer, surveiller l'évolution et dire : « on a des chances de... » ou bien « cette parcelle est particulièrement prête », mais on ne peut rien faire pour le susciter. La seule chose qu'on puisse tenter, c'est de favoriser dans la phase agricole, dès la taille en janvier et par les soins en cours d'année, une petite production, autrement dit renoncer au rendement pour obtenir une meilleure maturité. Cela consiste, dans la conduite agricole du vignoble, à apporter tous les soins nécessaires à une production de raisins pour qu'ils atteignent la meilleure et la plus précoce maturité. Ainsi, au moment où apparaît ce petit champignon, il va coloniser des raisins déjà en état de surmaturité. Les choix sont empiriques à Yquem et les décisions toutes d'expérience.

J.-P. K. – Parmi les légendes qui entourent Yquem – le vin aime bien les légendes, car elles ont une valeur pédagogique, vous le dites très bien –, il y a l'influence de cette petite rivière qui prend sa source dans les Landes, le Ciron. Est-il vrai que la fraîcheur de ce cours d'eau suscite des brouillards d'automne propices au développement du botrytis?

A. L. S. – Ce qui est sûr, c'est qu'il faut de l'humidité et de la chaleur pour que le champignon apparaisse et se multiplie en colonisant les baies. Le Ciron nous est incontestablement précieux. Mais on a connu des années sans brouillard où la botrytisation s'est très bien déroulée, grâce à des chaleurs telles que la rosée se déposait sur les grains de raisin, de température inférieure à l'air, pendant la nuit. Ce qui a contrario veut dire qu'habituellement, on est bien content de l'effet du brouillard en alternance avec le soleil de l'après-midi.
Y a-t-il une relation étroite entre le brouillard et le Ciron? Quand j'étais maire de Sauternes, mon collègue de Bommes, commune voisine que traverse le Ciron, m'avait fait remarquer qu'à partir du 15 août il y a une sorte de brume qui monte peu à peu en altitude et se répand sur les hauteurs de Sauternes. Par ailleurs, des gens venant de Bordeaux nous disent souvent avoir conduit au soleil jusqu'à proximité de Sauternes; on pénètre alors dans un beau banc de brouillard répandu autour de la colline d'Yquem. Généralement, c'est un phénomène que nous aimons bien, c'est un bon signe.

L'inconvénient, c'est de devoir attendre que le brouillard se lève pour vendanger.

J.-P. K. – Il ne faut pas que ça dure trop.

A. L. S. – Non, sinon, on ne peut pas commencer la journée. D'ailleurs vous donnez là une définition du mauvais temps en agriculture : « du temps qui dure ».

J.-P. K. – Les raisins peuvent également subir un autre phénomène naturel, qu'on appelle passerillage. Ce dessèchement à l'air des raisins est tout à fait différent de la pourriture noble.

A. L. S. – Oui, les grains passerillés prennent alors la forme de montgolfières dégonflées, et renversées. Il se produit une évaporation, mais seulement une évaporation. On voit le raisin se flétrir, diminuer en volume mais sans changer de couleur, ce qui signifie que le botrytis n'est pas présent. S'il n'y avait que passerillage, on ne pourrait pas produire de sauternes, parce que la concentration par évaporation concentre tout, sans rien modifier. Le botrytis opère une alchimie infiniment plus complexe. Celle-ci est nécessaire pour obtenir la concentration de 20 degrés d'alcool potentiel, et aussi pour que le jus soit intimement et subtilement transformé.
Est-on encore dans le domaine du vin ? Cette transmutation est telle que les scientifiques qui analysent ce jus ne reconnaissent plus leurs repères habituels ; certains m'ont dit être obligés de revenir à la recherche fondamentale, de fouiller très loin dans leurs connaissances pour retrouver une branche à laquelle se raccrocher pour remonter vers des explications satisfaisantes. On sort du domaine habituel du vin.

J.-P. K. – Parmi les singularités qui font Yquem, on évoque souvent son microclimat et la nature de son sous-sol. Comment peut-on les définir ?

A. L. S. – À l'évidence, nous bénéficions d'une heureuse conjonction d'éléments géologiques et de facteurs climatiques. Géologiquement, le sous-sol d'Yquem est le résultat d'une poussée tectonique sud-nord, dont l'origine géographique se situerait aux alentours des Pyrénées. Cette poussée a produit une espèce d'éboulement, d'où la mosaïque de sols très différents en direction du nord. Francis Mayeur, responsable de production à Yquem, en donne une bonne image. Il compare cette mosaïque à des assiettes empilées, disposées à l'envers, légèrement inclinées et un peu cassées. Il ne faut pas oublier que la vigne lance ses racines très profondément, jusqu'à 10 mètres de la surface voire au-delà. Ces racines traversent cet empilement de couches pour aller chercher les éléments nutritifs et l'eau nécessaire. La maîtrise de l'apport en eau est déterminante pour la qualité des raisins. Trop d'eau fait éclater les grains, ou asphyxie la plante, alors qu'on s'est aperçu qu'une relative sécheresse constituait un facteur positif pour la qualité des raisins. Pour réguler cet apport, un système de drainage, avec des canalisations en terre cuite représentant une bonne centaine de kilomètres de drains pour évacuer l'excès d'eau, a été mis en place au XIXe siècle.
Quant au micro-climat de Sauternes, il joue sans aucun doute un rôle, mais il faut tenir compte aussi de l'orientation, du choix des porte-greffes, des cépages et de leurs clones. On peut constater la réussite, donner des explications a posteriori, mais sont-elles convaincantes et suffisantes, sont-elles toutes inventoriées ? Je suis persuadé qu'il reste une part importante de mystère que seule l'expérience permet d'apprivoiser : pourquoi, diable, cette fréquence de réussite ne franchit-elle pas certaines limites que la législation des appellations

contrôlées a constatées ? Pourquoi le décret de l'INAO du 11 septembre 1936 a-t-il limité l'appellation Sauternes à 2200 hectares sélectionnés au milieu de régions limitrophes moins heureuses pour obtenir cette pourriture noble nécessaire au sauternes mais productrices de superbes vins blancs secs ? Il se dit qu'au siècle dernier les propriétaires de Haut-Brion avaient demandé quelques pieds de vigne à Yquem avec l'ambition de produire un vin liquoreux. Ce fut un échec mais qui a donné une grande réussite avec le merveilleux Haut-Brion blanc sec, superbe vin de Graves.

J.-P. K. – Vous avez parlé de mosaïque pour définir le vignoble d'Yquem. L'ensemble de ces différents terroirs est toujours meilleur que les parties. C'est donc toute une palette qui est à votre disposition.

A. L. S. – Tout à fait, et il faut bien connaître cette palette. Chacune des 150 pièces de vigne d'Yquem possède son caractère. Comme des enfants dans une classe, on les traite un petit peu différemment : l'ordre des vendanges est distinct suivant les pièces. On laissera celle-ci de côté, parce qu'elle est facile à vendanger, le raisin y pourrit toujours d'une façon admirable, il est succulent, plein de fruit, alors que celle-là est plus capricieuse. D'autres enfin produisent rarement un raisin satisfaisant pour faire de l'Yquem mais elles sont irremplaçables dans une année difficile. Chaque parcelle peut produire un grand vin, mais l'assemblage de leur récolte est meilleur que chacune d'elles. Il y a un effet de synergie.

J.-P. K. – Quelle est la superficie du vignoble d'Yquem ?

A. L. S. – Actuellement, il y a 113 hectares plantés en vignes, dont 103 environ en production, la différence représentant les parcelles que l'on arrache et replante chaque année pour maintenir le vignoble en état avec toutes les classes d'âge qui contribuent à la pérennité et à la qualité.

J.-P. K. – Cette surface a-t-elle évolué au cours des siècles ?

A. L. S. – Les dernières acquisitions importantes remontent à mon ancêtre Françoise Joséphine de Sauvage, « la dame d'Yquem ». Elle a dû acheter des vignes, en particulier de l'autre côté de la route de Villandraut, au lieu-dit « Le Pavillon ». Cette propriété a été rattachée à Yquem il y a deux siècles.

J'ai été pour ma part confronté à un cas de conscience. J'avais un voisin, dont les vignes étaient entremêlées à celles d'Yquem et qui formaient des poches que les tracteurs étaient obligés de contourner pour les labours et les traitements. Un jour, ce voisin m'a proposé de lui racheter ces vignes, il avait décidé d'arrêter ce métier, trop aléatoire. J'ai répondu que, pour un certain nombre de raisons, il n'était pas dans les habitudes d'Yquem de s'agrandir. Dans un premier temps, j'ai donc refusé. Puis le régisseur de l'époque m'a mis un doute : « Ne perdez pas de vue que vous ne retrouverez jamais une occasion pareille avant plusieurs siècles. »

J'ai alors demandé l'avis de Pascal Ribereau-Gayon[2], directeur de l'Institut d'œnologie. Il a procédé avec ses collaborateurs à une sorte d'audit des parcelles en question. Les experts ont établi, notamment, que le propriétaire, désargenté, ne fertilisait plus ses vignes. « C'est une chance, m'ont-ils dit, parce que quand une parcelle a reçu trop d'engrais, en particulier des engrais chimiques, elle met des années, voire une génération, à s'en débarrasser et à retrouver son état initial. D'autre part, ces parcelles sont tellement imbriquées aux vôtres qu'il serait, évidemment, bien plus rationnel de les intégrer au vignoble d'Yquem. » J'ai objecté : « Oui, mais sur le plan de la qualité, que peut-on en dire ? Est-ce bien le sol d'Yquem ? » Il me fut répondu : « Mais vous savez bien qu'il n'y a pas UN sol d'Yquem. Il y a une palette de sols complémentaires qui donnent au vin sa richesse, sa complexité. »

J.-P. K. – Oui, la mosaïque…

A. L. S. – Exactement. J'ai demandé alors : « Ne va-t-on pas modifier la composition du cocktail en ajoutant de nouveaux ingrédients ? » On me répondit : « Non, parce que votre cocktail de sols participant au grand vin est différent tous les ans. Chaque année les mêmes parcelles ne rencontrent pas le même succès, qualitatif et quantitatif. Le vin d'Yquem est le résultat des sélections que vous effectuez parmi les parcelles puis parmi les barriques et ces sélections sont si sévères qu'il n'y a aucun problème pour nous. Ce qui n'est pas parfait, vous l'éliminez. Nous n'émettons aucune réserve. Bien au contraire, nous considérons que ces parcelles agrandiront vos possibilités de choix pour produire le vin d'Yquem. Nous sommes donc favorables à cette acquisition. » J'ai donc fini par acheter 11 hectares, parmi lesquels il y en a, dans les faits, peut-être 3 qui produisent régulièrement de l'Yquem.

J.-P. K. – C'est déjà très positif.

A. L. S. – Je suis tout à fait de cet avis.

J.-P. K.- Vous venez d'évoquer la question de l'engrais. Vous refusez toute forme d'amendement, même naturel, et préférez le fumier. N'y a-t-il pas là un respect excessif de la tradition, une forme d'immobilisme ? Il existe des engrais organiques qui sont aujourd'hui aussi respectueux du terroir que le fumier.

A. L. S. – Nous préférons de loin le fumier de ferme traditionnel, parce qu'il produit toutes sortes d'effets, et particulièrement un effet mécanique : la paille qu'il contient va se transformer d'une façon différente du reste du fumier, et faire respirer le sol. À condition d'en user avec mesure.

Ce n'est pas une forme d'immobilisme, ce n'est rien d'autre que respect de la nature. La tradition ne vaut que parce qu'elle est actuelle et que ses règles se justifient pour l'avenir, sinon elle n'est que la survivance d'une époque révolue. Ce n'est alors qu'un impératif mort. Il y a des civilisations qui sont tournées vers le passé, elles considèrent que l'avenir en sera l'éternelle répétition. Ce n'est pas le cas ici. Nous pensons qu'il faut respecter le sol pour le présent et surtout pour l'avenir. Le vin doit témoigner de ces piles d'assiettes inversées, cassées et inclinées. Il doit être le reflet du sol et des sous-couches, en aucun cas attester de l'engrais, ni de la canne à sucre.

J.-P. K. – De quelle manière obtenez-vous ce fumier ?

A. L. S. – Cela rappelle la machine à battre que l'on voyait naguère passer tous les ans de ferme en ferme. Elle constituait un événement annuel qui devenait l'occasion d'une fête. L'événement, pour nous maintenant, c'est d'envoyer pendant quelques jours toute une équipe d'Yquem dans un département voisin, le Gers ou plus loin s'il le faut, un peu comme des bergers en transhumance. Ils partent avec camion, remorque, tracteur et un « Bigballer[3] » acquis en 1998...

J.-P. K. – À la recherche de fumier ?

A. L. S. – Non, de paille. Ils se rendent sur des terres repérées préalablement par Francis Mayeur. Ces champs ont été moissonnés mais seul l'épi a été fauché en laissant la tige. Nous coupons cette paille, la ramassons, en confectionnons des balles qui seront disposées sur les camions. Ceux-ci font la navette pour rapporter cette paille en Gironde. Elle est livrée ensuite à des éleveurs de chevaux, de moutons, etc., qui nous la rendent sous forme de fumier. Ce cycle est profitable à tous : les uns se défont de leur paille, les autres de leur fumier. À nous, cela permet d'enfumer chaque année un cinquième de la surface d'Yquem. Nous ne répandons en effet le fumier que d'une manière quasi homéopathique, une fois tous les cinq ans sur chaque parcelle.

1. L'histoire de la commune d'Uza, à la limite de deux régions historiques des Landes, le pays de Born et le Marensin, se confond avec celle de la famille Lur Saluces depuis le début du XVᵉ siècle, par le mariage d'Isabelle de Montferrand avec Pierre de Lur. Créateurs des forges au XVIIᵉ siècle, les Lur Saluces s'investiront au XIXᵉ siècle dans l'assainissement des Landes, la plantation des pins, le développement du chemin de fer. Le château d'Uza fut reconstruit par les Anglais, à la fin du XIVᵉ siècle, puis remanié en 1618 et en 1861.

2. Pascal Ribereau-Gayon est le petit-fils d'Ulysse Gayon, collaborateur de Pasteur et inventeur de la bouillie bordelaise contre le mildiou de la vigne. Doyen honoraire depuis 1997 de l'Institut d'œnologie et de la Station agronomique et œnologique de Bordeaux, il a publié notamment : *Les Composés phénoliques des végétaux, Sciences et techniques du vin, Les Vins de France*.

3. Machine agricole utilisée pour réaliser des bottes de paille de grande taille.

III

J.-P. K. – Venons-en à présent à la vendange. Le problème pour Yquem est d'atteindre les 20 degrés d'alcool potentiel. Qu'est-ce que cela signifie ?

A. L. S. – Cela veut dire que dans 1 litre de jus de raisin, il nous faut trouver à peu près un tiers de sucre, 360 grammes par litre, de sucre naturel bien sûr, issu du fruit. Les levures de la fermentation en se nourrissant vont absorber une partie du sucre, et le transformer en alcool ; mais ces levures travaillent dans un milieu appauvri, « carencé ». Il arrive un moment où elles ne trouvent plus de quoi se nourrir. De surcroît, elles évoluent dans l'alcool qu'elles ont elles-mêmes produit et dans lequel elles s'asphyxient progressivement. Elles vont arrêter leur multiplication en approchant 14 degrés d'alcool dit acquis. Il reste donc environ 6 degrés d'alcool potentiel sous forme de sucre. C'est un des éléments qui donne au vin sa liqueur, cette onctuosité qui est tant appréciée.

J.-P. K. – Il faut donc que les grains de raisin contiennent ces 20 degrés d'alcool potentiel avant de les vendanger. Je crois savoir qu'on arrive souvent à 18 degrés, mais que le plus difficile est de parvenir aux deux derniers degrés. Ces degrés-là font la différence en qualité, mais ce sont aussi ceux qui vous donnent le plus de mal.

A. L. S. – Oui, ils sont très coûteux. On a calculé que l'on perd la moitié du volume en recherchant ces deux derniers degrés. Mais peu importe, au regard de notre ambition de qualité. Les vendangeurs ne partent pas si l'on n'a pas réuni les meilleures chances – on n'a jamais de certitude –, d'obtenir nos 20 degrés d'alcool potentiel en moyenne au bout de la journée.

J.-P. K. – Il faut préciser une chose très importante. Même si l'appellation Sauternes autorise l'adjonction de sucre – la « chaptalisation » –, c'est une pratique qui n'a jamais eu cours à Yquem. Vous vous refusez absolument à cet usage.

A. L. S. – Oui, c'est un véritable ostracisme.

J.-P. K. – Laissez-vous donc entendre que cette chaptalisation qu'autorise la loi fait du tort à l'appellation ?

A. L. S. – Je crois que, dans le cas des vins rouges, elle donne un coup de pouce tout à fait bénéfique. Nous ne sommes pas devant la même situation et dans notre cas, je considère que c'est une dérobade devant le risque. Elle revient à contourner les difficultés de la conduite de la vigne et de la récolte par l'apport de quelque chose d'étranger au raisin, qui provient de la canne à sucre ou de la betterave. La chaptalisation n'ajoute pas un élément qualitatif, elle remplace un peu de l'alchimie du botrytis en permettant de vendanger plus facilement et plus vite. Donc, le vin ne témoigne plus seulement du sol, des cépages, de la qualité de la récolte...

J.-P. K. – Oui mais il est juste d'ajouter aussi que la situation est souvent difficile pour les viticulteurs de Sauternes...

A. L. S. – ... dont le vin, depuis quelques années, n'est pas reconnu à sa juste valeur, à sa juste rareté...

J.-P. K. – ... et que cette chaptalisation est aussi une nécessité économique, même si elle peut être contradictoire avec la qualité.

A. L. S. – C'est pourquoi je n'ai jamais voulu mettre le doigt dans cet engrenage, ni à Yquem, a fortiori, et pas davantage à Fargues. Il n'en est pas question. Mais c'est un luxe très coûteux.

J.-P. K. – Le problème ne réside-t-il pas plutôt dans une chaptalisation excessive ? C'est son emploi immodéré qui dénaturait ces sauternes et lui donnait ce goût « confituré ». Or aujourd'hui, avec la résonance magnétique, on est en mesure de savoir exactement si des vins dépassent le seuil des deux degrés autorisés au moyen de la chaptalisation.

A. L. S – La chaptalisation permet un rendement moins exigu avec moins de risques. C'est moins son usage que son abus qui représente un danger. Or aujourd'hui, la technique permet de détecter les vins qui outrepassent le seuil autorisé des deux degrés. La chaptalisation est donc désormais raisonnablement limitée. C'est toutefois une facilité que je repousse pour les vins dont j'ai la responsabilité. Mais c'est un perfectionnisme qu'il serait abusif et excessif d'imposer.

J.-P. K. – L'appellation Sauternes autorise un rendement de 25 hectolitres par hectare, alors qu'à Yquem la moyenne est comprise entre 7 et 8 hectolitres par hectare. Il faut dire par exemple que pour les appellations communales du Médoc (Pauillac, Margaux etc.), c'est une moyenne de 50 hectolitres par hectare qui est autorisée contre 25 hectolitres pour les sauternes et, dans les faits, 8 hectolitres pour l'Yquem.

A. L. S. – Lorsque j'étais maire de Sauternes, la moyenne pour la commune était de l'ordre de 17 hectolitres, donc très en dessous de la moyenne possible. À Yquem, comme à Fargues d'ailleurs, nous arrivons à un peu plus de 1000 bouteilles par hectare. En comparaison, la production moyenne de vin de Champagne représente à peu près 10 000 bouteilles par hectare. Heureusement pour les amateurs, dont je suis.

J.-P. K. – On peut donc dire qu'un pied d'Yquem produit un verre d'Yquem.

A. L. S. – Voilà, puisqu'il y a 7000 pieds, à peu près, à l'hectare, ce qui donne 7 pieds pour obtenir en moyenne une bouteille annuelle. De quoi remplir 7 verres avec une générosité moyenne.

J.-P. K. – Comment se déroule la vendange, à Yquem ?

A. L. S. – Elle commence, tout d'abord, au téléphone. Nous cherchons à réunir une équipe de 200 personnes, vendangeurs potentiels, qu'il nous faut enregistrer très soigneusement pour les besoins de la Mutualité agricole (le régime social agricole). Nous demandons aux candidats vendangeurs inscrits d'appeler chaque soir un numéro de téléphone. Celui-ci crépite alors une partie de la soirée, pour permettre à chaque vendangeur d'entendre le message enregistré par le chef de culture. Lorsqu'une quantité suffisante de raisin est bien pourrie, prête à être vendangée et que le temps s'annonce correct, on appelle 50, 100, et même parfois, d'entrée de jeu, 200 vendangeurs. Ce n'est pas systématique. En moyenne, nous employons 120 personnes, réparties en 4 équipes ou plus encadrées par le personnel d'Yquem. Chacune prend la responsabilité de chaque parcelle à tour de rôle et y retourne au fil des semaines de vendange autant de fois que nécessaire, ce qui bien entendu aggrave les charges.

Tout se règle d'une manière souple en fonction de l'observation du raisin. Nous ne ramassons qu'en fonction de la météo ; réciproquement, certains ont des contraintes qui les éloignent d'Yquem. Certains vendangeurs viennent le dimanche, d'autres non... Car s'il le faut, on cueille le dimanche, ce qui est deux fois plus onéreux, surtout si, après avoir convoqué tout notre monde, il n'est pas possible de vendanger. En pareille situation, la troupe se tourne les pouces. Mais comment faire autrement ? Tout se joue en réalité au jour le jour, voire d'heure en heure en fonction du temps espéré et de l'état de la vendange. On décide d'aller vendanger telle pièce, mais il peut arriver aussi qu'en cours de travail de nouvelles instructions soient données : « Finalement, abandonnez cette pièce pour le moment, la densité est insuffisante, nous y reviendrons plus tard. Allez dans celle-là, qu'il faut nettoyer. » Ce qui signifie : « Laissez les paniers, vous n'en avez plus besoin, décrochez simplement les raisins atteints du mauvais pourri. » Il faut en effet éliminer les raisins que la pourriture grise a attaqués et qui contamineraient les fruits sains et prometteurs.

J.-P. K. – Le panier du vendangeur est très important également. Pouvez-vous le décrire ?

A. L. S. – C'est un panier très léger fait de peuplier, ce qui le rend facile à manier dans les rangs. Il est enduit de cire afin de ne pas perdre la moindre goutte de jus. Il n'y a pas de hotte, car au bout du rang le panier est à peine plein. Avant qu'il soit vidé directement dans les bastes[1], un contrôleur – qui est un employé ancien d'Yquem –, s'assure de la bonne sélection des grains et conseille les vendangeurs débutants. Dans les minutes qui suivent, les bastes partent au chai, où Sandrine, maître de chai, vient les examiner, goûter le raisin et vérifier s'il présente un état sanitaire satisfaisant et s'il est conforme à sa demande. Ensuite les bastes sont vidées dans le pressoir.

J.-P. K. – Vous dites – et c'est une autre des singularités d'Yquem –, qu'il vous arrive de payer les vendangeurs à ne rien faire. En fait, vous les faites venir pour vous assurer de leur présence quand le botrytis daignera venir. C'est bien ça ?

A. L. S. – Oui, vous soulevez le problème des caprices de la météo à cette époque de l'année. Il importe que les vendangeurs soient disponibles pour saisir les opportunités, les « fenêtres » dans une période incertaine pour la météo et son influence la bonne pourriture du raisin. Nous sommes à l'écoute de la nature, nous l'épions, à l'affût du moindre signe ; il faut être prêt à vendanger les raisins qui sont à leur optimum dès que la météo s'y prête. C'est pourquoi l'on convoque les vendangeurs la veille pour le lendemain. Mais s'ils se sont dérangés, il est évident qu'il faut les rémunérer. Il n'est pas dit pour autant que le brouillard se lèvera au moment où les vendangeurs arrivent... Parfois la matinée se passe à dire : « On ne peut rien faire pour le moment, attendez, prenez du café, réchauffez-vous, dès que possible on part. » Ils jouent aux cartes en attendant la dissipation du brouillard. Parfois il est tenace et ne se retire pas de la journée. Dans ce cas on ne vendange pas.

J.-P. K. – Je me rappelle avoir assisté à cette attente si importante. Je voyais les gens d'Yquem observer ces présages dont vous parliez, par exemple la poussière que soulève une voiture qui roule sur le chemin en direction du château, signe considéré comme favorable. Le vent d'est, également, peut faire gagner un degré d'alcool potentiel.

A. L. S. – Oui, et probablement davantage. Le vent d'est, ou du sud, ou du nord, est quasi miraculeux, il peut sauver une vendange compromise par la pluie qu'apportent les vents d'ouest ou de sud-ouest. Si le vent revient à l'est, les raisins humides peuvent sécher très rapidement. Ce vent sec sèche le linge qu'on met sur des cordes ; il agit de la même manière sur le raisin au bout des grappes.

J.-P. K. – Je sais qu'il est difficile d'établir des moyennes, mais à combien de tries, de passages, procédez-vous à chaque vendange ?

A. L. S. – C'est très variable suivant les pièces, et aussi selon les années. Il nous est arrivé d'effectuer jusqu'à 11 tries en 1964, année où pourtant nous avons dû renoncer à l'appellation : le nombre de tries n'a pas de lien obligatoire avec la qualité. Mais on se doit de tout tenter avant d'abandonner ou de remettre la trie à plus tard. On récolte, on laisse fermenter, on goûte, puis on décide de la suite de la vendange et éventuellement, dès ce stade, de la destinée du vin obtenu. Il peut arriver alors que l'ensemble du millésime soit jugé indigne d'Yquem, autrement dit, que le vin n'atteigne pas une qualité suffisante pour porter l'étiquette. Pour répondre à votre question, à titre indicatif quatre ou cinq passages sont généralement nécessaires. Si le temps s'y prête, si ça veut « rigoler », selon l'expression locale, et si les observations ont été bien faites.
On continue souvent à Sauternes de vendanger en novembre voire en décembre pour Yquem, comme en 1985 où nous avons cueilli des raisins un 19 décembre. Les grains durcis par le gel ressemblaient à des billes d'acier. Il fallait les presser délicatement dans le cuvier en bois sous peine de le défoncer. Cette situation, il faut le préciser, est exceptionnelle.

J.-P. K. – Et il y a des années, rarissimes, où un seul passage suffit. N'est-ce pas le cas de 1990 ?

A. L. S. – Il a quand même fallu plusieurs passages sur certaines pièces de vigne, mais c'est effectivement un exemple de vendanges faciles pour un superbe millésime. Nous avons vendangé « en continu », passant pratiquement sans interruption d'une pièce de vigne à l'autre. Cependant, il faut se méfier des années qui s'annoncent trop bien. C'est un incident qui est peu connu : il arrive en effet que l'on atteigne très tôt dans la saison nos fameux 20 degrés d'alcool potentiel. En pareil cas, il arrive que Francis Mayeur donne l'ordre de vendanger et de récolter, de façon à obtenir un jus inférieur à 20 degrés. Pourquoi ? Parce qu'il anticipe un dépassement ultérieur de cette limite. L'excès se révèle aussi néfaste que le défaut. Pour pouvoir absorber un jus qui risque d'atteindre 22 degrés ou 24 degrés d'alcool potentiel, il tient à constituer une réserve de jus ne titrant que 18 degrés potentiels environ.
À ce moment-là, on dit que l'on « coupe du vert », que l'on coupe « à rond ». On va jusqu'à vendanger des grappes entières. Autant dire que cette situation est rare et qu'il est beaucoup plus fréquent de chercher anxieusement des raisins atteignant la concentration voulue ou d'attendre que la pourriture fasse son œuvre.

J.-P. K. – Vous faisiez allusion tout à l'heure au millésime 1964 : 11 tries et, au bout du compte, pas le moindre verre d'Yquem. Cela s'est reproduit neuf fois dans ce siècle je crois. Trois années pour ce qui vous concerne, le dernier millésime sacrifié étant 1992. Ce doit être très lourd à assumer pour une entreprise, de tout jeter à la rivière. C'est une perte énorme…

A. L. S. – J'essaie de ne pas considérer cela comme une perte mais plutôt comme une tentative qui a échoué. L'objectif n'a pas été atteint mais le risque était nécessaire. Si cette récolte était mise malgré tout sur le marché, elle décevrait les amoureux de ce vin. Pour Yquem, pour l'équipe qui anime ce domaine, un tel discrédit est une chose insupportable à envisager.

Je prends d'autant plus volontiers cette décision que j'ai mis de côté, depuis trente ans, un stock de bouteilles qui nous permet d'amortir les années rejetées et d'envisager sereinement l'éventualité de cet échec. Neuf dans ce siècle, c'est juste, mais il y en a eu d'autres qui ont fait l'objet d'une sélection très sévère, donc d'un rejet partiel : 1991 a été étrillé par les gelées ; en 1982, un tiers de la récolte a été superbe, mais un autre tiers n'a même pas été récolté – il a été vendangé pour être jeté sur place, au pied des vignes.

Quant au dernier tiers, il a été cueilli, mis en barrique, il a fermenté pour être finalement éliminé à cause de sa piètre qualité ; le jus avait été délavé par des pluies tenaces. Je me souviens aussi de 1977, 1978 et 1979. Ce furent trois vendanges difficiles : il a fallu beaucoup trier et rejeter, aussi bien au stade de la vendange qu'à celui de l'élevage en barrique. Ce sont des choses qui arrivent fréquemment. Il faut pouvoir les accepter sereinement.

J.-P. K. – Que devient alors cet Yquem ?

A. L. S. – Ce n'est plus de l'Yquem, il devient au mieux un simple sauternes générique ; plus vraisemblablement, ces mauvaises barriques sont envoyées à la distillation.

J.-P. K. – Arrive-t-il qu'il soit vendu à la vinaigrerie ?

A. L. S. – C'est arrivé pour des vendanges ou fractions de vendanges particulièrement difficiles. La pourriture grise, ou pourriture vulgaire, prédominait.

J.-P. K. – J'imagine qu'il doit y avoir parfois des cas tangents, où la décision est délicate, cornélienne.

A. L. S. – Oui, c'est un beau cas de conscience ; dans les faits elle n'est pas vraiment difficile à prendre. Je n'ai pas besoin de demander l'avis de mon équipe. Il me suffit de lire les visages ou les gestes, d'observer les mimiques. Il existe un langage non parlé qui est plus expressif que le langage verbal. J'ai le sentiment qu'on attend alors de moi que je dise « non », que c'est à moi de le faire. Je me rappelle la tête de Guy, le maître de chai de l'époque, pour un de ces millésimes impossibles, et de son expression de soulagement qui signifiait : « C'est bien, il a dit non ! »

J.-P. K. – Vous affirmez souvent : « On ne peut gagner que si l'on accepte de tout perdre. » Il y a là un côté roulette russe...

A. L. S. – Ou un coup de poker... parce qu'à la roulette russe il peut y avoir une balle dans le barillet. Alors... il n'y a plus de problème, au moins dans ce bas monde ! Dans notre cas, c'est une façon de préserver la notoriété des millésimes précédents et des suivants, le crédit de l'étiquette. Il y a quand même un élément positif dans la vendange perdue : elle démontre que le métier n'est pas facile et qu'il nécessite du personnel habile pour exécuter de bonnes décisions et tirer le meilleur parti de ce que la nature veut bien donner dans un millésime.

J.-P. K. – Quand on visite ces installations, on est frappé par l'extrême simplicité du matériel de vinification. Ce n'est pas faire injure à Yquem que de dire que ce matériel est rudimentaire et parfois, antique. Tout cela peut-être pour expliquer que le véritable vinificateur est en fait le vendangeur.

A. L. S. – C'est pour partie exact. C'est à la vendange que les choix les plus indispensables sont faits. Alors, bien sûr, le maître de chai – ou la maître de chai, comme on voudra –, a un rôle important, mais elle ne peut rien faire si on ne lui apporte pas une vendange convenable. Nous avons tout de même modernisé le chai, au fil du temps et de l'évolution de la technique, tout en respectant la qualité du travail ; notre matériel est désormais plus facile à nettoyer et entraîne moins de pénibilité. Rien d'extraordinaire toutefois : faire du vin est en réalité une opération très simple. On cueille du raisin, on le presse, le jus se met à fermenter et, ensuite, on commence le soutirage et l'élevage du vin.

J.-P. K. – Vous avez pourtant acquis un nouveau pressoir.

A. L. S. – Oui, c'est une petite révolution qui mérite un commentaire. Après de longues réflexions, nous avons abouti à une constatation qui paraît maintenant évidente : il y a désormais trois pressoirs horizontaux en plus des trois verticaux. Ils sont là non pas en suffisance, mais en excès. Il s'agit de faire face au cas où la nature est exceptionnellement généreuse, ou qu'une partie importante de la récolte est prête et doit être récoltée en même temps. Au lieu de voir des bastes de la vendange en attente devant des pressoirs pleins, nous aurons des pressoirs vides, disponibles pour des bastes pleines. Les outils du chai suivront le rythme de la vendange et non l'inverse. De plus, ce luxe de pressoirs va nous permettre, non pas de presser trois fois comme nous le faisions, mais d'abord deux, voire trois fois avec les pressoirs horizontaux, puis de faire « sécher le raisin », d'en extraire les ultimes gouttes grâce aux anciens pressoirs verticaux. Ils donnent les meilleurs jus, les plus chargés en sucre, extraits avec beaucoup de douceur sans écraser les pépins, lesquels délivreraient des substances néfastes.
Mais j'insiste, c'est la nature qui fait le vin. Nous ne faisons que l'aider, comme des accoucheurs, aussi habilement que possible.

J.-P. K. – Chaque génération a apporté sa contribution – visible – à Yquem. Pour ce qui vous concerne, vous avez fait construire un bâtiment qui est essentiel mais il ne se voit pas, c'est le chai souterrain. Pourquoi cette réalisation ?

A. L. S. – C'est le résultat de ma crainte des millésimes manquants. Une récolte rejetée suppose l'existence d'un stock qui permette de combler le vide et d'alimenter la place de Bordeaux et la trésorerie de l'exploitation. D'une autre manière, un paysan craint d'autant moins l'hiver qu'il a du foin dans son grenier. Vous savez en outre que le vin est élevé pendant trois ans et demi en barrique avant d'être mis en bouteille et qu'il puisse être proposé au marché. J'ai cherché en trente ans à me prémunir contre les mauvaises récoltes en accumulant un stock de plus en plus encombrant. Il est donc arrivé un moment, au début de ces fastueuses années quatre-vingt, où le maître de chai m'a fait remarquer qu'il ne savait plus où disposer les barriques. Je lui avais répondu en plaisantant que c'était « un très bon mal », ce qui ne résolvait pas le problème.
Il était certain qu'en cas de nouvelle récolte importante, nous allions être totalement submergés, faute d'espace disponible. Aussi avons-nous décidé de construire un nouveau chai, de doubler la superficie disponible de l'ancien chai, pensant nous assurer ainsi une bonne marge de manœuvre. Comme par hasard, la place s'est révélée insuffisante. On croit toujours voir trop grand et on se trouve en fin de compte un peu trop prudent. Le nouveau chai a été creusé dans une parcelle d'Yquem impropre à toute viticulture, puis recouvert de terre. L'espace forme une élégante terrasse qui semble avoir toujours existé. Le chai est à peu près climatisé naturellement. S'il faut l'aérer, nous disposons de souffleries. Il a été mis en service en 1987, juste avant les abondantes vendanges de 1988, 1989 et 1990. En 1990 le chai était plein. Guy Latrille, alors maître de chai, est venu me voir en me disant: « Je crains que nous ayons prévu le nouveau chai un peu trop petit. » Je lui ai répondu: « Ne vous en faites pas, Guy, la nature régulera les choses. » Effectivement, sont arrivées 1991 et 1992, années maigres, voire nulle pour le second millésime. Nous nous sommes alors

retrouvés avec de grands espaces vides. La nature avait basculé dans un autre excès.

Il restait un autre problème, que nous avons résolu dernièrement. Il nous fallait en effet remonter le vin pour la mise en bouteille, réalisée dans l'ancien chai de fermentation. Cela se pratiquait depuis plus d'un siècle, mais techniquement ce n'était pas une bonne solution. Il a donc été décidé d'agrandir le chai souterrain et d'y créer une extension moderne, où sont disposées des cuves pour les assemblages et une chaîne de mise en bouteille conforme aux normes actuelles. Cet appareillage est évidemment disproportionné au regard de nos 110 000 et quelques bouteilles annuelles, mais le bouchage sera plus efficace et davantage soigné. Notre vin le mérite bien, puisqu'il est apte à défier les décennies, voire les siècles.

J.-P. K. – Avant d'être mis en bouteille, le vin d'Yquem séjourne donc trois ans et demi en barrique.

A. L. S. – Trois ans et demi pendant lesquels on perd encore une barrique sur cinq du fait de l'évaporation et de l'opération de soutirage, qui consiste à séparer le vin de ses lies. Ces sédiments rejetés représentent autant de volume en moins.

J.-P. K. – Combien de barriques achetez-vous par an, en moyenne ?

A. L. S. – Nous en commandons environ 400, avec une option sur 300 autres, au prix de 3500-4000 francs la barrique. Elles sont revendues après usage au quart de leur prix. Il est arrivé quelquefois que cette option soit dépassée. Autant vous dire que nous nous en réjouissons, mais cela reste exceptionnel. Je me rappelle qu'en 1990 il nous avait fallu 960 barriques pour loger toute la récolte.

J.-P. K. – 960 barriques !

A. L. S. – Oui, cette année-là nous avons failli battre le record de la plus grosse vendange à Yquem qui date de 1893 : 965 barriques ! Cela correspondait à un rendement de 24,7 hectolitres par hectare, et je pense que c'est à cause de cette année 1893 si fastueuse que le décret d'appellation de Sauternes a fixé le rendement maximum à 25 hectolitres par hectare. À la mise en bouteille, le 1990 a dû être amputé de soixante barriques qui avaient mal évolué.

J.-P. K. – Une autre originalité d'Yquem consiste à élever séparément chaque journée de vendange.

A. L. S. – Oui, nous séparons le jus par journée de récolte et par parcelle vendangée. Qui plus est, le même vin, contenu dans des barriques différentes, ne fermentera pas exactement de la même façon. À la fin des vendanges et pour quelques semaines, on dispose donc d'une vaste palette de vins différents.

J.-P. K. – Quels sont les accidents qui peuvent survenir pendant la fermentation ?

A. L. S. – Il n'est jamais bon d'avoir des fermentations qui languissent. Trop actives, elles sont également à surveiller soigneusement. En 1998, elles ont été très longues à s'achever mais le vin sera remarquable. Nous disposons heureusement aujourd'hui de moyens de climatisation permettant de réguler la température du chai. On arrive à la maintenir en décembre aux environs de 20 degrés, température favorable à la multiplication des levures. Dans le passé, nous nous retrouvions souvent avec des barriques qui n'avaient pas terminé leur fermentation à l'approche de l'hiver. Il fallait reprendre le processus au printemps, voire aux vendanges suivantes, ce qui est extrêmement périlleux.

Roger Bureau, maître de chai à Yquem (1955-1970).

Vue d'Yquem (XIXe siècle).

A Monsieur le Comte de Lur Saluces.

San Sebastian, le 6 Août, 07.

Le Commandant Také-no-outchi et les Officiers du "Tsukuba" présentent leurs compliments à Monsieur le Comte de Lur Saluces et le remercient bien vivement pour les beaux présents de vin de France, ainsi que son aimable lettre du 1er Août, qu'il a eu la bonté de leur envoyer et qui leur ont fait un très sensible plaisir.

Le Tsukuba de l'Escadre Impériale Japonaise.

Lettre de remerciements des officiers de l'escadre
japonaise commandée par l'amiral Togo.

Château d'Yquem, portail est.

Château d'Yquem, portail ouest.

Marquis Bertrand de Lur Saluces (1888-1968).

Alexandre de Lur Saluces pendant son service militaire.

Comte A. de Lur Saluces et Francis Mayeur, responsable de production.

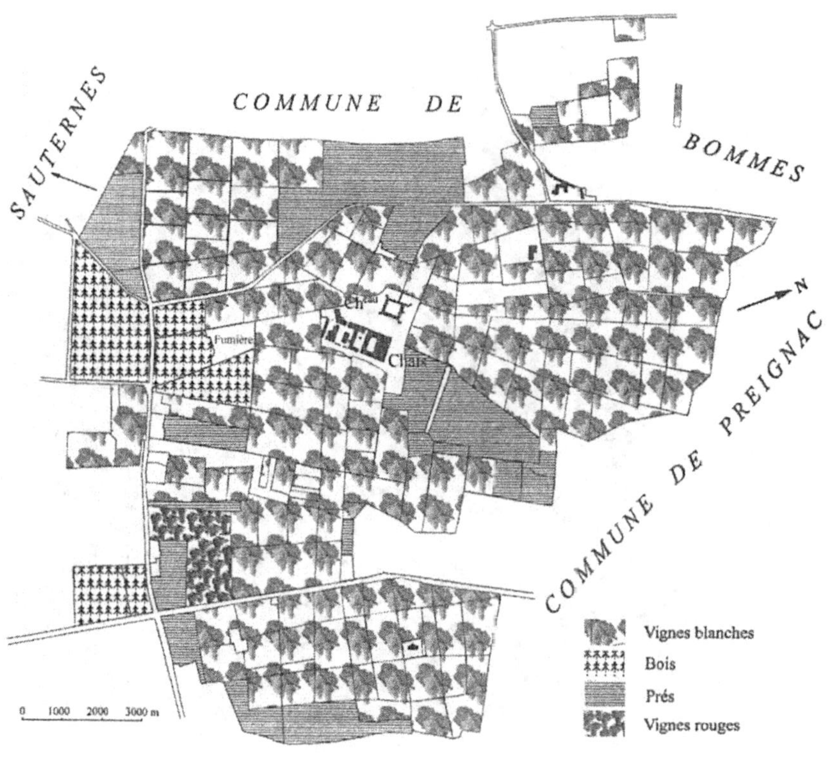

Plan actuel de la propriété.

Comte A. de Lur Saluces et Bertrand de Lur Saluces.

Parmi les accidents possibles, il en est un qui peut survenir à n'importe quel moment, comme ce fut le cas en 1990. Un des membres de l'équipe du chai passait près d'une barrique. Dans le silence du chai d'Yquem, son attention a été alertée par un léger pétillement, quasi imperceptible. Il a retiré la bonde et entendu effectivement le bruit de petites bulles qui remontaient éclater à la surface. Aussitôt, comme s'il s'agissait d'un incendie, il a déclenché l'alarme. Le maître de chai accouru n'a pu que constater un nouveau départ en fermentation. Immédiatement les barriques voisines ont été contrôlées : une soixantaine d'entre elles étaient en train, peu ou prou, de repartir en fermentation. Il a fallu les isoler et les éliminer. À ce stade en effet, les dégâts sont irrémédiables. Heureusement, la récolte de cette année-là avait été abondante !

J.-P. K. – C'est un phénomène assez rare, tout de même.

A. L. S. – Celui-là, oui. Mais il requiert tout de même une veille constante. Passée la phase de fermentation, où l'on entend bouillonner les barriques, il règne dans les chais un silence total.

J.-P. K. – Viennent ensuite la mise en bouteille et la pose des bouchons. Comment procédez-vous ?

A. L. S. – Nous avons préalablement sélectionné les meilleurs bouchons possibles, en leur faisant subir des tests sévères de qualité. La longévité du vin d'Yquem est telle que seul un bouchon exceptionnel peut l'accompagner. La mise en bouteille se déroule, depuis cette année, dans le nouveau chai de mise en bouteille à température contrôlée qui lui est affecté. Une légère surpression produit un courant d'air vers l'extérieur et met à l'abri d'un quelconque apport de bactéries, d'insectes ou de facteur étranger pouvant troubler la qualité du vin. Le bouchage se fait sous vide, vide relatif, puisque avec le temps le bouchon laisse passer un petit peu d'air qui va combler l'espace entre le liège et le vin. Ces soins restent néanmoins secondaires par rapport à tous les efforts qui ont précédé. Mais pourquoi en faire l'économie ?

J.-P. K. – Parlons de cette fameuse étiquette aux angles biseautés, que le monde entier vous envie. Son raffinement, son dépouillement qui est le comble de l'élégance, caractérisent admirablement Yquem. Cette volonté de ne pas s'exhiber, cette sobriété qui n'énonce jamais, n'est-ce pas la vraie définition du luxe ? Est-il exact que, par rapport à la réglementation, Yquem a obtenu une dérogation ?

A. L. S. – Non, même si on a pu le croire. Il n'y a pas eu dérogation, simplement une petite astuce que j'ai soumise à l'époque au bâtonnier Rozier, l'avocat d'Yquem. Je lui avais posé cette question : « Il nous faut apposer une quantité d'indications légales de plus en plus nombreuses. Elles vont défigurer cette étiquette. Ne peut-on pas les imprimer au bas de l'étiquette ancienne, qui retrouvera ainsi sa simplicité d'origine ? » Comme il n'y voyait a priori aucun inconvénient, j'ai poussé, si j'ose m'exprimer ainsi, le bouchon un peu plus loin en lui demandant de m'indiquer les dimensions minimales des caractères pour les mentions obligatoires.
Sa réponse a été : « Vous pouvez utiliser jusqu'à telle taille de caractères. » Je lui ai dit que ma question était inverse : quelle est la dimension minimale admise pour les caractères des mentions que la législation oblige à indiquer ? Elles importent peu aux amateurs qui accordent leur crédit à Yquem et non à des textes rendant obligatoires des mentions telles que « mis en bouteille au château » « 75 cl » voire « 750 ml », l'adresse et le nom du propriétaire. Le bâtonnier a relu ses décrets pour me répondre. Arrivé à ce stade, je lui ai demandé une paire de ciseaux pour déplacer ces mentions sur une partie détachée

de l'étiquette principale. Cela revenait à restaurer l'étiquette du siècle dernier dans sa concision. Ce bâtonnier respecté de Bordeaux m'a alors assuré de son aide si j'avais des ennuis avec l'administration, aide que je n'ai jamais eu à solliciter pour ce cas précis.

J.-P. K. – Cette étiquette n'a donc pas changé depuis le XIXe siècle.

A. L. S. – Oui, je pense d'ailleurs que c'est mon aïeule Françoise Joséphine qui l'a fait réaliser. Je trouve que cette étiquette lui ressemble. On y retrouve la simplicité qui était la sienne, sa sobriété, sa modestie. J'ai tenu à la conserver parce qu'elle représente quelque chose d'intemporel, pour un vin qui est, lui aussi, intemporel.

J.-P. K. – Pourquoi le verre est-il transparent et non pas teinté pour protéger le vin des ultraviolets ?

A. L. S. – Vous avez raison, ce n'est pas un facteur positif pour le vin, qu'on aime habituellement protéger de la lumière au même titre que les vins rouges. Mais une bouteille d'Yquem se range dans une cave. On ne l'expose au jour que pour la boire. Je préfère toutefois une bouteille transparente, qui permet d'apprécier la couleur du vin, d'en observer les merveilleuses couleurs qui évoluent et dorent au fil du temps, et se mettent à ressembler à de l'ambre. Cette bouteille est recouverte d'un papier de soie, puis couchée soigneusement dans des caisses capitonnées de ce « fibre-nap[2] » qui la protège mécaniquement et thermiquement.

---

1. Nom que l'on donne dans le Bordelais aux petites cuves en bois utilisées pour le transport de la vendange.
2. Emballage des bouteilles à Yquem constitué de fibre de bois enveloppée dans un papier Kraft.

IV

J.-P. K. – Pouvez-vous nous dire quelques mots sur l'« Y » ?

A. L. S. – L'« Y » est une fantaisie très secondaire et que je situe en arrière-plan de mes préoccupations et ambitions à Yquem. Qui peut le plus peut le moins. C'est une possibilité que l'on s'est donnée de produire, avec certaines fractions de vendanges, un vin blanc sec. Lorsque l'on constate que des raisins ne conviendront pas pour faire de l'Yquem parce que le botrytis les a dédaignés, on les vendange sans attendre. On assemble le sémillon et le sauvignon à parts égales, ce qui n'est pas le cas pour l'Yquem qui est fait de 20 % seulement de cépage sauvignon et le reste de sémillon. On obtient alors un vin que nous disons sec, même s'il est en fait beaucoup plus charpenté que les merveilleux vins blancs de Graves secs qui entourent l'appellation Sauternes.

J.-P. K. – Il n'y a pas de pourriture noble, néanmoins on sent le terroir d'origine, cette note un peu rôtie tout à fait caractéristique.

A. L. S. – C'est un vin particulier, qui remporte beaucoup de succès par son aptitude à dominer des plats relevés. J'en ai dégusté sur du requin à Saint-Louis, aux États-Unis, il triomphait de ce poisson au goût très accentué. Mes amis de Hongkong et de Singapour l'adorent. Il est vrai qu'il convient parfaitement à leur cuisine, faite de petits plats souvent très robustes, voire épicés, susceptibles d'écraser un délicat vin de Graves ou un fin chardonnay de Bourgogne.

J.-P. K. – Il m'a semblé que vous manifestiez une certaine réserve à l'égard de l'« Y ». Est-ce que je me trompe ?

A. L. S. – Je me sens un peu fautif effectivement, c'est un vin qu'on ne peut pas produire régulièrement. Je suis donc désappointé de devoir créer des frustrations, voire du mécontentement. Les sommeliers me pressent : « Quand pouvez-vous nous procurer le prochain millésime, on a terminé notre stock... Nous n'avons plus d'« Y », on nous en réclame... » Je suis chagriné par cette espèce de reproche, cette demande à laquelle la nature ne me permet pas de répondre.

J.-P. K. – Vous ne produisez pas d'« Y » chaque année.

A. L. S. – Non, malheureusement, nous le produisons très irrégulièrement. On croit souvent, à tort, que l'« Y » est un dernier recours quand on ne peut pas élaborer d'Yquem, que les conditions ne sont pas favorables à la pourriture noble. Mais si on ne peut pas réussir d'Yquem, il n'est pas dit qu'on puisse pour autant produire de l'« Y ». Il a aussi ses exigences. En 1992 comme en 1974, nous n'avons pu produire ni l'un ni l'autre. La porte est étroite pour l'« Y », comme pour l'Yquem.

J.-P. K. – Quels sont les derniers millésimes de l'« Y » ?

A. L. S. – J'en ai ici dressé la liste : 1959, 1960, 1962, 1964, 1965, 1966, 1968, 1969, 1972, 1973, 1977, 1978, 1979, 1980, 1985, 1986, 1988, 1994, 1996. C'est-à-dire en moyenne tous les deux ou trois ans.

J.-P. K. – Il y a une autre propriété dont on n'a pas parlé, c'est Fargues, qui se trouve à 5 kilomètres d'Yquem. C'est le berceau de votre famille.

A. L. S. – Un des berceaux, et un des plus vieux certainement, puisque Fargues est arrivé dans ma famille par mariage en 1472. C'est une propriété très attachante où l'on pratique la polyculture : pins, maïs, vigne, ainsi qu'un peu d'élevage.
Sa superficie est comparable à celle d'Yquem, un peu plus de 100 hectares sont en effet plantés en pins. La vigne y est minoritaire puisqu'elle ne recouvre que 15 hectares, contre 113 à Yquem. Cette propriété possède une histoire très riche. Avant 1472, elle appartenait à un neveu du pape bordelais Clément V, le cardinal de Fargues, qui a suivi le pape à Avignon. Fargues est une forteresse qui a brûlé deux fois. Il n'en reste qu'une ruine qui n'est pas sans évoquer les tableaux d'Hubert Robert.

J.-P. K. – Une ruine très bien entretenue toutefois...

A. L. S. – Merci pour ce compliment, nous essayons de la préserver effectivement car elle fait partie du paysage sauternais. Malheureusement les pigeons contrarient gravement cette ambition. De toute façon, cette forteresse est depuis longtemps inhabitable. Elle est en ruine depuis 1687, date du dernier incendie. Le fait qu'elle tienne encore debout tient déjà du prodige. La solidité des murs face à l'épreuve du temps est extraordinaire. On peut encore monter dans le donjon, même si je le déconseille vivement. Chaque génération s'emploie à la restaurer ou tout au moins à la maintenir pour qu'elle ne s'écroule pas. Mon oncle avait renforcé les croisées du XVIIe siècle, pour ma part j'ai consolidé la chapelle et une tour.

J.-P. K. – À Fargues aussi on fait du sauternes, en appliquant les mêmes méthodes qu'à Yquem. Cela donne des résultats intéressants.

A. L. S. – Au risque de paraître prétentieux, je vous dirai que mon équipe est la meilleure au monde pour jouer avec le *Botrytis cinerea* et en tirer le meilleur parti. François Amirault, le régisseur de Fargues, est un homme polyvalent. Il surveille les pins tout en s'occupant d'élevage de vaches bazadaises, de culture – 25 hectares de maïs –, et de viticulture. Tout cela compose harmonieusement l'économie de Fargues, différente de celle d'Yquem, car le vin n'y a pas la même place ni la même valorisation. Mais l'on y produit du vin de Sauternes avec beaucoup de soins et les mêmes exigences, avec la même philosophie qu'à Yquem.

J.-P. K. – C'est-à-dire : même rendement, même fumier naturel, mêmes tries successives, pas de chaptalisation ?

A. L. S. – Oui, tout à fait. Parfois évidemment, on regarde par-dessus l'épaule du grand frère Yquem pour voir comment les problèmes sont résolus, quelles sont les difficultés rencontrées, ce que procure la veille technologique, etc. Il nous arrive également de partager les vendangeurs. Yquem peut se permettre, grand seigneur, de libérer occasionnellement une équipe de 40 vendangeurs qui ramassent en un éclair les raisins confits de ces 15 hectares, alors qu'il faut beaucoup plus de temps et de monde pour vendanger les 103 hectares d'Yquem. Nous suivons, à Fargues, la même éthique viticole qu'à Yquem. Avec toutefois un sol qui est plus homogène, moins diversifié. Avec aussi des vignes possédant une qualité qui pourrait devenir un défaut si nous ne les renouvelons pas par étapes : elles sont très vieilles. Néanmoins, si elles produisent très peu, elles donnent du très bon raisin. Nous allons devoir les replanter, mais progressivement, avec doigté. Cette ancienneté, nous essayons de la préserver car elle est un privilège de qualité.

J.-P. K. – Il semble également que la maturité ne soit pas la même qu'à Yquem.

A. L. S. – Il y a un petit décalage de huit jours, en général dans les différentes phases de maturation du raisin. Peut-être parce qu'il y fait un peu plus froid, les vendanges à Fargues sont souvent en retard d'une semaine par rapport à celles d'Yquem.

J.-P. K. – Fargues s'est tellement imprégné de la philosophie d'Yquem que, en ce qui concerne en tout cas les millésimes récents, des dégustateurs avertis sont bien souvent incapables de faire la distinction entre les deux crus. Pourtant, et ce n'est pas qu'un détail, l'un, Fargues, est vendu trois fois moins cher que l'autre. Qu'en pensez-vous ?

A. L. S. – La confusion est fréquente, mais pas obligatoire. La régularité est un privilège des grands crus. Je crois que si Yquem a acquis sa réputation exceptionnelle, c'est que son vin pourtant complexe comme sa géologie garde toujours équilibre et mesure d'un millésime à l'autre. Comme le disait mon voisin M. Sanders, propriétaire de Haut-Bailly, c'est « un vin qui n'a rien de trop mais tout ce qu'il faut, comme les jardins de Le Nôtre ». Il faut une sorte d'opulence dans l'équilibre. La régularité dans ces qualités sera toujours plus grande à Yquem. Mais il est vrai que la nuance est quelquefois faible pour certains millésimes, au moins dans les premières années. Je vous avouerai que j'évite moi-même de me trouver dans l'obligation de choisir ou de départager les deux bouteilles, tant je crains de me tromper si la dégustation a lieu à un moment défavorable et sur des millésimes proches.

J.-P. K. – Et pour ce qui est de la longévité ?

A. L. S. – Elle est exceptionnelle pour tout sauternes bien fait, donc pour Fargues. La seule différence, je le répète, c'est la régularité dans la complexité. On peut faire un vin tirant son essence, sa gloire, du botrytis dans beaucoup de régions et avec pas mal de cépages. Mais le produire presque tous les ans avec continuité dans la qualité constitue un défi. Mon oncle insistait là-dessus. Moyennant le renoncement à certains millésimes, il y a toujours une certaine constance dans la qualité à Yquem. Alors que Fargues peut se vanter de savoir tirer parti de conditions climatiques et d'un sol moins favorables.

J.-P. K. – Existe-t-il à Fargues des millésimes qui font défaut à Yquem ?

A. L. S. – Non, il se trouve que la même règle produit les mêmes effets. Il n'y a pas eu de 1964, 1972, 1974 ou de 1992 dans l'un comme dans l'autre domaine. Mais on peut imaginer, même si cela ne s'est pas encore produit, un millésime à Yquem qui n'ait pas été réussi à Fargues, ou l'inverse. La météo est déjà différente à cinq kilomètres de distance.

J.-P. K. – Poursuivons un peu plus loin l'examen de la typicité des terroirs à l'intérieur de l'appellation. On a coutume de faire une distinction entre les communes de Sauternes et de Barsac. Quelles sont leurs différences ?

A. L. S. – Sans vouloir jouer à l'expert – ce que sont beaucoup plus les courtiers et les négociants dont le métier est de comparer un large éventail de vins –, je crois que Barsac est généralement un petit peu plus productif, et un peu plus léger. Pour moi ce n'est ni un désagrément ni un défaut. Ce sont des vins infiniment estimables, plus faciles à déguster, à associer avec des mets.

Alexandre Dumas décrit dans l'un de ses romans l'arrivée d'un voyageur dans une auberge. Il a eu très froid pendant le trajet et pour dîner il commande à l'aubergiste un grand feu, des huîtres et du sauternes. Cela pourra vous étonner mais j'ai toujours pensé qu'il arrosait ce repas virtuel avec du barsac. Avec les huîtres il faut à mon goût un vin un petit peu plus léger, un petit moins capiteux que le sauternes des quatre autres communes de l'appellation.

J.-P. K. – Vous semblez penser que le sauternes est plus complet.

A. L. S. – Ce n'est pas le terme que j'emploierais. Le sauternes est plus complexe, mais on peut quelquefois souhaiter, dans certaines circonstances, des vins un peu moins riches, un peu plus accessibles. Alors que dans d'autres occasions l'énorme pouvoir de l'Yquem est inimitable, irremplaçable. C'est le nec plus ultra. « Ce qu'on peut faire de mieux avec du raisin », pour emprunter un commentaire du professeur Peynaud lors d'une dégustation d'une bouteille d'Yquem.

*

J.-P. K. – Vous dites souvent : « nous » et non « je », mettant ainsi l'accent sur le travail d'équipe à Yquem. Comment crée-t-on une équipe comme celle d'Yquem, aujourd'hui composée de 65 personnes ?

A. L. S. – Je me le demande toujours, c'est une sorte de miracle d'y parvenir, comme de réussir une récolte. C'est aussi ma plus grande fierté que d'avoir maintenu cette cohésion. Je crois qu'un chef d'entreprise – finalement c'est ce que je suis –

est un chef d'orchestre, c'est l'homme qui cherche, qui essaye, qui harmonise les différentes composantes formant l'entreprise. On pourrait dire que c'est une interface aussi, au sens informatique du terme, c'est-à-dire celui qui maintient la liaison, le pont entre les différentes parties. Tous les participants doivent agir en harmonie les uns avec les autres.

C'est là que réside peut-être le mystère d'Yquem. Sa magie influence les hommes à travers les générations. La vigne est civilisatrice, elle sait s'attacher les gens. Yquem n'échappe pas à cette règle. Les gens s'attachent à Yquem, même si certains ont pu se laisser griser par le fait d'y travailler. Il faut y garder la tête froide. Chacun s'implique, depuis le plus simple ouvrier jusqu'aux cadres qui m'entourent. Il est indispensable que chacun soit toujours en alerte, observe la nature, signale que telle parcelle manifeste une carence, l'attaque d'une maladie par exemple. De même, au chai cette veille est nécessaire lorsqu'est perceptible un pétillement dans des barriques d'un an ou deux, signe qu'une fermentation repart dangereusement.

Les femmes, qui prodiguent une bonne partie des cinquante et quelques soins que requiert chaque pied de vigne au cours de l'année, me paraissent animées d'un sentiment maternel pour « leurs parcelles ». Elles prennent soin de cette vigne, non seulement avec rapidité, dextérité, professionnalisme mais aussi avec une implication, un sentiment d'appartenance. On est d'Yquem. Ce statut confère dans la région une sorte de préséance.

On m'a raconté qu'il y a une trentaine d'années, lorsque dans le café de Sauternes survenait une discussion un peu orageuse, c'était l'ouvrier d'Yquem qui faisait office d'arbitre et départageait les bagarreurs. C'est un esprit dont j'ai hérité. Je me flatte de constater qu'il subsiste sans défaillance. Depuis trente ans, bien sûr, tout le personnel a changé, les plus anciens ont pris leur retraite et tous ceux qui travaillent actuellement ont été embauchés après 1969.

J.-P. K. – Vous êtes donc le plus ancien de la maison ?

A. L. S. – Oui. Le renouvellement s'est fait principalement par cooptation.

J.-P. K. – Quand vous parlez de cooptation, vous voulez dire qu'on se succède de père en fils ou de mère en fille ?

A. L. S. – Pas uniquement. Quand, après l'essai d'un ami ou parent d'un membre du personnel il se dit : « Celui-là, il est bon, il est sérieux, il porte l'esprit d'Yquem », ce qui est indéfinissable, c'est que le choix est bon et s'est fait naturellement. Il faut un certain attachement, une fierté toute personnelle. Des dynasties se sont succédé à Yquem, comme la famille Garros qui a fourni plusieurs générations de régisseurs[1]. Quand le livre *Yquem*[2] de Richard Olney est paru en 1985, je m'étais fait un plaisir de le distribuer à chacun des membres du personnel. Des journalistes avaient voulu faire un reportage sur la façon dont les gens, qui participent au travail d'Yquem, avaient perçu ce livre. Le projet m'avait un peu intrigué, j'étais curieux de voir le résultat d'une telle enquête. Le soir, nous sommes allés dîner chez Darroze à Langon, et ils m'ont rapporté : « On a été très étonnés de ce que le personnel d'Yquem nous a dit :
– Ce livre, oui, nous le connaissons, oui, nous l'avons reçu, oui, nous en sommes fiers.
– Qu'en avez-vous fait ?
– Eh bien on l'a mis dans la bibliothèque (ou sur la cheminée).
– L'avez-vous lu ?
– Ah non, on le lira quand on sera à la retraite. »
Il y avait donc une indéniable fierté, en même temps que beaucoup de pudeur et de distance. Qu'est-ce qu'un éphémère article de journal, voire un livre, face à la certitude de la pérennité d'Yquem ?

J.-P. K. – L'attachement du personnel pour Yquem n'est pas contestable, mais n'y a-t-il pas aussi du paternalisme dans ces relations ?

A. L. S – En effet la lecture d'un numéro du *Monde* de cette année laisse entendre que le fait de distribuer des choux à la crème aux vendangeurs le dimanche est assimilable à une méthode paternaliste ce qui, dans ces colonnes, est médiatiquement très incorrect. Je ne connais pas la distinction entre faire du paternalisme et faire du social, deux expressions qui m'agacent ; je sais que le monde rural permet des relations originales qui peuvent échapper à des journalistes parisiens. Dans de nombreux crus de la Gironde, les propriétaires entretiennent des relations personnelles avec leurs employés et également avec les vendangeurs étrangers à la propriété. La distribution des choux à la crème le dimanche pour remercier les vendangeurs qui ont choisi de venir travailler ce jour-là est une coutume locale que respectent beaucoup de crus voisins d'Yquem. Elle est née, je le soupçonne, de la qualité savoureuse de cette pâtisserie réalisée, en particulier, par le « Cercle » de Fargues de Langon.
Dans tous les domaines viticoles de la Gironde, on trouve des manifestations d'encouragement ou de sympathie à l'égard de ceux qui récoltent le fruit du travail de l'année. Nous sommes donc tous passibles des froncements de sourcils ironiques du *Monde*. Les accabailles[3] sont-elles une manifestation de paternalisme ? Faut-il supprimer cette coutume si elle est jugée incorrecte par *Le Monde* ? Quid de l'arbre de Noël de la propriété ?

J.-P. K. – Comment se passent concrètement la distribution et la division du travail à Yquem ? Vous avez évoqué ces parcelles qui sont attribuées à une femme ou un homme. En sont-ils responsables d'année en année ?

A. L. S. – C'est ce qui se passe pour certaines façons[4] – on parle de « travail à façon ». Les parcelles sont confiées, si possible, à la même personne. Elle bénéficie ainsi du travail qu'elle a réalisé dans les années précédentes. Cela crée une forme d'émulation, chacun investissant sa fierté dans l'état de sa parcelle. Un tel usage invite aussi à la qualité et à une continuité car plus on connaît sa parcelle, mieux on la travaille. C'est une formule traditionnelle et très simple qui convient à tous les partenaires.

J.-P. K. – Il existe tout de même une hiérarchie.

A. L. S. – Oui, dans la mesure où le chef de culture distribue et organise le travail et le contrôle a posteriori pour établir le bulletin de salaire. Mais à ces époques de l'année, les gens sont tout à fait indépendants et organisent le travail à leur gré. Nous passons un contrat avec eux pour un certain travail sur un nombre de pieds défini. Il est évident que plus l'employé est habile, compétent et rapide, plus vite il sera disponible pour d'autres tâches. Ce système traditionnel convient à chacun. Ainsi tout le monde est gagnant, les employés comme le domaine.

J.-P. K. – Quant à vous, vous êtes le chef d'orchestre.

A. L. S. – Un chef d'orchestre qui conduit, mais qui n'est pas là pour jouer de tous les instruments. Le personnel d'Yquem est réparti en trois équipes, l'une est chargée de la vigne, l'autre du chai, la troisième se répartissant les tâches administratives et s'appuyant sur des conseils extérieurs.

J.-P. K. – Vous êtes aussi pour le personnel d'Yquem « Monsieur le Comte ». Tenez-vous beaucoup à ce titre ?

A. L. S – Vous faites allusion à plusieurs articles qui se sont servis de cet argument pour faire de l'ironie à bon compte. Dans tout autre pays on ne ferait pas couler d'encre sur le sujet. Ce clin d'œil à l'histoire, celle d'un pays ou celle d'une famille, fait partie d'un arsenal journalistique qui fait vendre quelle que soit la façon dont on traite le sujet. À l'étranger, cette appartenance est interprétée comme un signe de pérennité, un brevet d'art de vivre, l'indice d'une éthique.

Pour répondre plus directement à la question, cet usage dans cette propriété comme dans bien d'autres en Gironde et ailleurs est un témoignage de respect qui me semble créer plus d'obligations que de satisfactions d'ego. Ceci dit, il y a dans ma famille une continuité depuis quelques siècles à laquelle je ne vois pas de raison de mettre artificiellement un terme pour complaire à ceux qui s'emmêlent dans l'interprétation de la Révolution.

J.-P. K. – Le patron, c'est vous. N'avez-vous pas été finalement, par le privilège de la naissance, un patron de droit divin ?

A. L. S. – Je ne connais pas la définition exacte du patron de droit divin, je sais ne pas être une exception ni en Gironde ni ailleurs où les PME existent. J'ai été élu par ma famille depuis trente ans. Si elle a pu changer d'avis ces derniers temps, ce n'était certainement pas pour demander à mon frère aîné de prendre cette fonction. Au bout de trente ans, privilège ou droit divin s'effaceraient devant la réalité. Or le nouvel actionnaire majoritaire à Yquem m'a demandé de poursuivre ma tâche. Cela laisse supposer qu'il a un autre jugement que ma propre famille.

❧

J.-P. K. – C'est Francis Mayeur, votre premier violon pour filer la métaphore, qui est le responsable de la production. Est-ce que vous pouvez, brièvement, nous expliquer ses attributions ?

[98]

A. L. S. – Francis Mayeur est effectivement le premier violon. Il a une tâche qui est à la fois d'action et de réflexion. Il observe beaucoup par lui-même. Il est aussi celui qui rassemble toutes les observations des uns et des autres. Il organise ou supervise le bon déroulement de toutes les actions qui coopèrent à la production de l'Yquem en respectant le souci de qualité qui est si essentiel. C'est aussi lui qui, parmi beaucoup d'autres préoccupations, veille à la bonne marche des équipes formées par le personnel d'Yquem.

Accessoirement, il est un membre actif du conseil municipal de Sauternes où nous nous retrouvons. Il assure la logistique de la propriété. Ensuite, il coordonne la tâche de deux collaborateurs : dans l'ordre chronologique, le chef de culture, Antoine Depierre, et le maître de chai, Sandrine Garbay. Le chef de culture a lui-même sous sa responsabilité des chefs d'équipe, en particulier au moment des vendanges. Il arrive aussi qu'Antoine Depierre envoie, à la demande de Sandrine Garbay, des membres de son personnel au chai pour réaliser la mise en bouteille ou d'autres tâches qui nécessitent du renfort. Tous savent s'adapter aux besoins du moment.

J.-P. K. – Quel est l'itinéraire de Francis Mayeur ?

A. L. S. – Il est passé par l'ENITA, l'École nationale d'ingénieurs des travaux agricoles de Gradignan, avant d'arriver à Yquem en 1983. Il connaît maintenant la propriété sur le bout des doigts, meubles et immeubles, la partie terroir et la partie bâtiment, n'ignore rien de ce qui concerne les tracteurs, le matériel, les produits de la vigne, surveille la météo, suit tous les travaux, entretient les logements. Il m'a assisté lors de l'extension du chai, pour la conception générale du bâtiment et pour les dispositifs électroniques et électriques de régulation thermique, de ventilation ou d'alarme. C'est lui qui achète les tracteurs en me suggérant le matériel le plus adapté, après quoi il les modifie avec les moyens de l'atelier de mécanique pour les adapter aux particularités d'Yquem. Il est toujours à la pointe de l'information et de l'innovation pour nous permettre d'acquérir du matériel qui encore une fois reste simple, mais qui doit être performant et adapté à nos conditions de travail.

J.-P. K. – Après le départ de Guy Latrille, le maître de chai, vous avez choisi Sandrine Garbay pour lui succéder. C'est une première dans l'histoire d'Yquem : une femme qui préside aux destinées œnologiques.

A. L. S. – Il y avait déjà eu une femme chef d'entreprise avec mon ancêtre Françoise Joséphine. La moitié de l'effectif d'Yquem est composé de femmes. Sandrine Garbay exerce une double responsabilité. Celle de la veille technologique tout d'abord, puisqu'elle est œnologue. Je compte sur elle pour être informé des derniers résultats des recherches scientifiques dans le domaine des vins botrytisés. La transmutation opérée par le botrytis est telle en effet qu'elle laisse encore les scientifiques à bout de connaissances. Rien à voir avec ce que l'on peut constater par exemple dans la vinification des vins rouges. Les sauternes sont à part. Nous essayons ensemble également d'anticiper sur des législations qui pourraient s'imposer sans que nous soyons consultés, en particulier sur les problèmes que soulève l'usage du SO_2, l'anhydride sulfureux, l'antiseptique classique du vin.
Elle est par ailleurs, sous la direction de Francis Mayeur et avec une excellente équipe de trois personnes, chargée du chai. Sa tâche consiste à organiser la réception de la vendange, la surveillance des fermentations, puis l'élevage du vin, c'est-à-dire l'ouillage et le soutirage périodique des barriques pendant les trois années de vieillissement en barrique de chaque récolte. Toute docteur en œnologie qu'elle soit, elle est

suffisamment consciente et satisfaite de sa responsabilité pour être en mesure de rouler les barriques, s'il le faut.

J.-P. K. – 65 personnes sont employées en permanence à Yquem. Quant aux vendangeurs, sont-ils des gens de la région ?

A. L. S. – Le plus possible, parce qu'ils sont tous familiers du sauternes et qu'ils savent que ce n'est pas stupide de récolter des fruits pourris. Venant d'autres régions, ils s'en iraient en disant ou en pensant que c'est absurde de vendanger du raisin pourri ! Je n'exagère pas, le cas s'est déjà trouvé. Un jour, des hommes d'Yquem ont surpris des gitans en train de voler du raisin. Après altercation, ces derniers ont avancé pour leur défense : « Mais on peut bien récolter ce raisin, puisque vous le laissez pourrir ! » Cette anecdote montre bien le côté paradoxal du sauternes : laisser le raisin se transformer sous l'effet de la pourriture, alors que partout ailleurs, il est important de le cueillir en état de pleine maturité physiologique et pour cela de combattre la pourriture grise.

1 Jean Garros (1746-1809), Jean Léonard Garros (1783-1865), Michel Garros (1824-1871), Émile Garros (1854-1923), Michel Garros (1883-1963).
2 Richard Olney, *Yquem*, Flammarion, 1985, réédité en 1997.
3. Déjeuner organisé à la fin des vendanges réunissant l'ensemble des vendangeurs du millésime récolté ainsi que le personnel permanent du domaine.
4. Au fil des saisons, la vigne reçoit des soins minutieux appelés façons. Au début de l'hiver, les vignerons effectuent une taille sévère, qui limite le potentiel quantitatif pour favoriser la qualité. La vigne n'est jamais désherbée, mais constamment travaillée. Le refus du désherbage chimique respecte les façons culturales traditionnelles : au minimum, deux chaussages et deux déchaussages annuels, ainsi que de multiples « façons » superficielles dans les rangs de vigne et entre les pieds de vigne.

V

J.-P. K. – Parlons maintenant du vin d'Yquem. Il est entouré d'une telle aura qu'il est nécessaire, quand on le déguste, de garder son sang-froid. Il me semble que l'on peut en nommer les parfums et les arômes, chercher à définir sa complexité sans parvenir jamais à en pénétrer l'essence, à en percer le mystère. Est-ce également votre sentiment ?

A. L. S. – Oui, objectivement, toutes les descriptions ou analyses ne suffiraient pas à le reconstituer ou à le définir entièrement. Le vin, en fait, raconte une histoire. Je me souviens des propos et des gestes de Jean-Paul Jauffret[1], parlant d'un vin que je laisse anonyme : « Ce vin est bête, il est carré. On monte un degré, puis c'est horizontal, et très vite il tombe. » On distingue assez volontiers dans les dégustations, parmi beaucoup d'autres choses, le nez, puis l'attaque, et ensuite la complexité, le volume. Enfin, il y a la finale qui est plus ou moins courte, plus ou moins opulente, plus ou moins agréable, qui laisse une plus ou moins longue trace. Yquem est une essence, au sens d'extrait – peut-on dire une concentration avant fermentation ? – qui ensuite devient du vin. Un vin avec un profil curieux, puisqu'on analyse 13,5 degrés d'alcool acquis plus 6 à 7 degrés de sucre non transformé. L'histoire qu'Yquem raconte est tout à fait originale. Elle commence par le nez, qui n'est pas toujours très expansif ni expressif pour les jeunes millésimes. Pour des vins un peu anciens en revanche, il laisse flotter des effluves extraordinaires dès l'ouverture de la bouteille. L'attaque, en général, est toujours très soyeuse, souvent somptueuse. Elle est suivie d'une sensation plus enveloppante qu'un dégustateur a bien caractérisée en disant : « Ce vin tapisse le palais. » Effectivement il est présent sans être oppressant, avec élégance, légèreté. Il est là. On a le temps d'en rechercher les harmonies ou les dissonances, d'en traquer d'éventuelles failles.

Mais ce qui domine est ce sentiment d'équilibre. Équilibre entre les éléments sucrés qui pourraient être entêtants, mais qui sont contrebalancés par des touches d'amertume, voire d'acidité. Lorsqu'en finale, on abandonne le vin et qu'on l'avale, il reste quelque chose qui raconte une autre histoire, une histoire qui dure, qui s'étale dans le temps... Frédéric Dard l'a comparé au silence qui suit Mozart, qui est encore du Mozart. L'Yquem, après la dégustation, ménage ce moment qui est encore de l'Yquem. J'aime cette jolie expression pour décrire un vin qui a une très longue finale : on dit qu'il fait la queue du paon.

Le cardinal archevêque de Bordeaux a dit un jour qu'il ne pensait pas qu'on parviendrait jamais à désacraliser le vin. En le paraphrasant, je pense plus prosaïquement qu'on ne parviendra jamais à reconstituer artificiellement Yquem. Yquem, c'est l'harmonie dans la complexité des saveurs, une harmonie qui évolue, dont les constituants se fondent pour donner naissance à d'autres équilibres, à de nouvelles harmonies au fil du temps.

J.-P. K. – Dans une dégustation des cinq premiers crus classés du Médoc, aucun ne se détache vraiment. Alors que pour les sauternes, c'est toujours Yquem le premier. Il est immédiatement identifiable, au point que Raoul Salama[3] n'hésitait pas à dire que c'était terrible pour les dégustateurs, parce qu'on le reconnaissait toujours.

A. L. S. – J'espère que Fargues met occasionnellement un peu d'incertitude parmi ces dégustateurs ! Il y a une sorte de suprématie que Fargues, dans les meilleures années, veut essayer de contester. S'agissant d'Yquem, je pense qu'il faut en trouver l'explication dans le respect du terroir qui s'est toujours perpétué et dans la complémentarité des différents sols qui forment les parcelles du domaine, plus le travail des hommes. La terre et le savoir de l'homme. Pas d'engrais chimiques, du fumier animal et des racines qui plongent dans les différentes couches des sols d'Yquem. Le raisin témoigne de ces sols et de ces circonstances exceptionnelles. On pourrait aussi parler de la mémoire du sol, qui se souvient des bons comme des mauvais traitements et qui s'en souvient longtemps.

J.-P. K. – Quels sont les cépages qui entrent dans la composition de l'Yquem ?

A. L. S. – Seulement le sémillon et le sauvignon.

J.-P. K. – Pas de muscadelle ?

A. L. S. – Non. La muscadelle est très flatteuse au départ, elle embellit un vin, mais vieillit mal. Or nous avons l'ambition de voir nos bouteilles vieillir, je dirai éternellement.

J.-P. K. – Quelle est la plus vieille bouteille que vous ayez dégustée ?

A. L. S. – J'ai goûté le 1847, ainsi que le 1825, tous deux fabuleux.

J.-P. K. – J'ai eu également le privilège de déguster le 1825. C'est une expérience émouvante, on remonte le sens interdit du temps. Cette matière vivante était née sous le règne de Charles X. Le vin était toujours alerte et équilibré. On n'atteint jamais une telle longévité pour des vins rouges. Yquem est un vin qui vieillit d'une manière extraordinaire, qui franchit les limites. Comment l'explique-t-on ?

A. L. S. – Prosaïquement, la première réponse est la présence d'alcool et de sucre, deux éléments qui préservent chacun à leur manière. On sait que le sucre protège admirablement les confitures comme l'alcool conserve les fruits. Une telle association permet une conservation presque parfaite du jus de raisin. Néanmoins, tous les vins de cette famille des sauternes ou des vins dits de vendanges tardives ne possèdent pas forcément une telle longévité. C'est l'équilibre qui fait que chaque génération, pour le même vin, va apporter d'autres nuances, une finesse différente. Le vin évolue toujours de manière positive. La madérisation, souvent considérée comme un défaut, devient ici une qualité. Toutefois, certains millésimes ne vieillissent pas plus de cinquante ans. Presque deux générations de trente ans.

J.-P. K. – Ce qui est déjà remarquable. Il y a eu, pour le siècle qui nous occupe, un certain nombre de millésimes extraordinaires après guerre. Quelle serait votre hiérarchie des grands Yquem ?

A. L. S. – La trilogie bien connue 1945, 1947, 1949 a produit des vins sublimes. Ils masquent d'autres millésimes, le 1944 et le 1948 par exemple, qui sont excellents. On peut se demander s'il n'y a pas des cycles météorologiques qui produisent des succès en cascade. Ensuite, les années cinquante, avec le 1950 qui est un classique, tout comme le 1955. Le 1953 également, ainsi que le 1957 et 1959, sont remarquables. J'hésite de plus en plus à déboucher ces millésimes, parce que, les réserves s'amenuisant, j'ai des scrupules à les retirer du palais de mes successeurs ou des générations à venir. Ils font donc partie de la bibliothèque d'Yquem. Dans les années soixante, le 1967, le 1962 sortent du lot. Le 1962 en magnum est une merveille.

J.-P. K. – Le 1967 a été aussi un vin d'anthologie.

A. L. S. – Oui. Actuellement je l'estime battu par le 1975, que je trouve plus élégant. Et puis c'est un millésime que l'on a attendu très longtemps, qui s'est fait désirer une quinzaine d'années. Il est désormais ouvert et somptueux. Il a vraiment révélé tout son potentiel et son avenir est tout aussi prometteur. Mais si on ne le compare pas, autrement dit, isolé, le 1967 est merveilleux de richesse et de complexité.

J.-P. K. – Le grand millésime de la décennie quatre-vingt, serait-il le 1983 ?

A. L. S. – Les années quatre-vingt sont aussi des années heureuses. La question va encore se poser pendant longtemps quant à la hiérarchie de ces millésimes. 1983, 1988, 1989, sont exceptionnels. 1986 est excellent, comme le 1982, quoique inconnu en Sauternais. Dans une gamme à peine inférieure, 1981 est bon, comme 1984 et 1985. 1987 va peut-être nous quitter prématurément. Mais on peut boire ce 1987 encore quelques années au moins, même s'il a été un petit peu boudé à ses débuts. Très injustement à mon sens.

J.-P. K. – Faut-il le boire maintenant ?

A. L. S. – Oh, il n'y a pas urgence, disons avant trente ans.

J.-P. K. – Quels sont les grands millésimes de cette décennie qui se termine ?

A. L. S. – Elle s'annonce également fastueuse. Est-ce parce que l'équipe s'est perfectionnée que nous sommes plus à même de saisir les opportunités, ou parce que la décennie a été heureuse sur le plan météorologique ? Il y a vraisemblablement des deux. Le respect de la tradition n'est pas synonyme d'immobilisme ou de répétition. Chaque année, nous apportons quelque chose de nouveau, pas seulement à notre savoir-faire : des fossés, un meilleur drainage, des traitements plus appropriés, moins nombreux... C'est l'accumulation de tels petits détails d'apparence souvent ingrate qui vraisemblablement nous permet de hisser encore plus haut la qualité d'Yquem. En ouverture de cette décennie, le 1990 est un monument. Il risque de faire beaucoup d'ombre au 1991, pourtant très bon. 1992 n'existe pas. 1993 est un millésime intermédiaire, une année un peu difficile qui sera appréciée. Ensuite viennent 1994 et 1995. 1994, c'est la surprenante alliance de puissance et de finesse fruit du terroir. 1995 n'a pas fini d'étonner par son volume énorme. En revanche, pour les suivants : 1996, 1997 et 1998 mon échelle des valeurs n'est pas définitive. Mais déjà, 1998 s'annonce comme un millésime exceptionnel.

J.-P. K. – Si l'on excepte bien évidemment les millésimes refusés, vous sortez chaque année la même quantité de bouteilles, quel que soit le millésime.

A. L. S. – Je mets à la disposition du négoce de Bordeaux, sauf crise commerciale, autour de 110 000 bouteilles, bon an mal an.

J.-P. K. – Mais comment y parvenez-vous ?

A. L. S. – Grâce au stock que nous avons constitué progressivement. Mon prédécesseur le marquis Bertrand avait pris la précaution de calculer sa production sur vingt ans, afin d'obtenir une régularité, un lissage permettant de compenser les irrégularités de la production. En vingt ans on a rencontré à peu près tous les ennuis possibles, toutes les turbulences, toutes les fluctuations. On peut alors calculer une production annuelle moyenne en divisant par 20 la production totale de ces deux décennies. Ainsi, dans les mauvaises années, on pioche dans le stock. Lorsque la récolte est, au contraire, plantureuse, on alimente la réserve. Une année de vente peut donc être composée de plusieurs millésimes. C'est ce qui permet d'affronter sereinement une récolte difficile, et elles le sont presque toutes. Elles représentent toujours un risque.

J.-P. K. – Vous nous avez dit qu'à vos débuts, cette moyenne annuelle était de l'ordre de 65 000 bouteilles.

A. L. S. – Mon oncle avait calculé une moyenne lissée de 82 500 bouteilles par an. Il m'a laissé un stock limité aux trois années en barrique. Et puis est arrivé 1974, crise terrible pour les vins de Bordeaux, succédant à trois mauvais millésimes pour Yquem : 1972, nul ; 1973, petite quantité ; 1974, rien à nouveau. C'était vraiment le désastre. En outre fin 1974 j'ai pris conscience d'une évidence : je ne pouvais pas disposer de 82 500 bouteilles annuelles et il me fallait diminuer la production en conséquence. Après avoir refait les calculs, j'ai dû accepter que la nature ne me donne, provisoirement, que 66 000 bouteilles. J'ignorais la cause de cette baisse considérable. Ce n'est qu'au bout de dix ans que j'en ai compris les raisons. Les contraintes avaient augmenté, et nous étions devenus insensiblement plus rigoureux.
Avant la guerre, on acceptait parfaitement l'idée que la nature était inconstante. Aussi mettait-on en bouteille des millésimes de moindre intérêt. On pouvait dire aux courtiers, qui le comprenaient : « Ce millésime est une réussite moindre, il témoigne d'une nature défaillante, nous le vendrons donc

moins cher, il trouvera des amateurs à ce prix. Il y a des gens qui seront heureux de le trouver, qui le boiront rapidement et qui l'oublieront vite. »
De nos jours, nous sommes davantage tenus à une obligation de résultat. Les progrès de l'agriculture, la meilleure connaissance du travail du chai, les plus grandes compétences des marchés nous ont amenés à sélectionner plus sévèrement dans une production qui, il faut le remarquer au passage, a elle-même un peu augmenté. Une plus grande sévérité dans une production un peu accrue explique que le nombre de bouteilles au total a peu varié. Nous avons insensiblement monté la barre pour établir cette moyenne à près de 110 000 bouteilles annuelles, avec à mon sens une plus grande régularité dans la qualité.

J.-P. K. – Combien de millésimes allez-vous commercialiser cette année ?

A. L. S. – Je vais finir de confier au négoce bordelais les millésimes 1986 et 1991, puis aborder le 1993. J'ajouterai pour partie le 1994 pour atteindre les 110 000 bouteilles. Cela représente donc quatre millésimes différents.

J.-P. K. – Au début de notre entretien, vous disiez que beaucoup de gens parlent d'Yquem sans en avoir jamais bu. Il est vrai que ce n'est pas un vin à la portée de toutes les bourses. Peut-on considérer que c'est un vin cher ?

A. L. S. – Dans l'absolu, oui. Mais tout est relatif. On peut répondre aussi qu'Yquem n'est pas cher compte tenu des risques, des contraintes et du travail nécessaire pour une seule bouteille. J'ai envie de répéter ce que je disais il y a trente ans, à savoir que le prix de ce vin va nécessairement augmenter. Un ami suisse m'avait à l'époque cru sur parole, il s'était même endetté auprès de sa banque pour acheter un stock du millésime 1967 d'Yquem. Il ne s'en plaint pas aujourd'hui. On vient du monde entier lui en mendier quelques bouteilles. Le 1967 a pris depuis lors une valeur sans commune mesure avec son prix de l'époque.

J.-P. K. – Combien coûte une bouteille de 1967 ?

A. L. S. – Entre 3000 et 6000 francs, suivant les ventes aux enchères. C'était une année généreuse pour l'époque : 441 barriques. D'une manière générale, je trouve que notre époque n'a pas perçu la valeur intrinsèque des sauternes. Ce sont des vins rares et tout à fait exceptionnels dans le monde du vin. Il n'y a pas de région viticole qui détienne les mêmes atouts où l'on produise des vins équivalents. Et pourtant, alors qu'ils sont très prisés sur certains marchés, les sauternes font l'objet d'une étonnante indifférence sur d'autres.
Au siècle dernier, les vins de cette appellation ont provoqué un engouement fabuleux, bien supérieur à celui que rencontraient alors les vins rouges. On pensait, paradoxalement, qu'il était plus difficile de produire un vin rouge qu'un vin de Sauternes. Un vin de Sauternes, c'était tout simple : il suffisait de vendanger un peu tard, c'était un don du ciel... Ce vin a connu un tel succès qu'il a suscité d'innombrables et médiocres imitations. L'Espagne a produit du sauternes pour contenter les Anglais, jusqu'au jour où le Marché commun a mis bon ordre à ces abus. Ces piètres imitations ont porté tort à l'appellation. Elle retrouvera nécessairement dans l'avenir le grand succès qu'elle mérite par tous les éléments rares qu'elle réunit : terroir, micro-climat, savoir-faire. D'autant plus qu'aujourd'hui les professionnels considèrent les grands vins rouges comme des cadeaux de la nature, alors que les sauternes exigent une exceptionnelle dextérité technique et un grand sens de l'observation. Des nerfs solides et une bonne trésorerie.

J.-P. K. – Et combien coûte aujourd'hui à l'amateur un millésime plus récent, 1990 par exemple ?

A. L. S. – Depuis le départ de la propriété en 1997, il a peut-être déjà doublé de valeur. Je crois qu'on peut acquérir ce superbe millésime entre 1400 francs et 1600 francs.

J.-P. K. – Ce qu'il faut bien comprendre, c'est que ce vin coûte cher à élaborer.

A. L. S. – C'est évident pour Yquem, mais aussi pour ses voisins. Si on tient compte du simple fait que produire 1000 bouteilles à l'hectare au lieu d'en produire 5000, voire 10 000 est déjà une réponse. Sans parler des salaires des vendangeurs employés plus longtemps qu'ailleurs. Parfois pour ne rien faire, pire, pour jeter quelquefois le raisin inutilisable au sol. Je peux donc dire à nouveau qui ni Yquem ni les sauternes ne sont chers. Ce vin va se valoriser car son marché est international, et le nom de ce modeste village connu du monde entier.

J.-P. K. – Qui fixe le prix de la bouteille ?

A. L. S. – On se plie, à Yquem comme ailleurs, aux lois du marché, à la confrontation de l'offre et de la demande. Ce sont les courtiers – que j'appelle les « diplomates » – qui servent de médiateurs entre les viticulteurs et le négoce. Nous leur faisons part de nos ambitions, qui sont acceptées ou parfois ajustées après des tractations toujours courtoises entre les parties. Lorsque le prix a été fixé, il n'est plus discuté nulle part au monde.

J.-P. K. – Le fait de ne pas vendre les vins de l'année évite à l'appellation Sauternes de succomber à certaines fièvres du marché, comme celle qui est intervenue l'année dernière, en

1998, pour les 1997. Certes vous restez à l'écart de ces formes de spéculation, mais la vente d'Yquem en primeur ne donnerait-elle pas un coup de fouet à l'appellation tout entière ?

A. L. S – Je regrette parfois de ne pas participer à cette espèce d'effervescence des primeurs qui agite les esprits et le marché. C'est une manifestation tangible, pour tous, de la vitalité du marché. Yquem est en retrait de cette vie-là en offrant des millésimes déjà prêts sur lesquels il n'y a pas cette spéculation. Sans doute manque-t-elle à l'ensemble de l'appellation. C'est un choix que j'ai fait, qu'il serait dommage de changer car il donne une solide robustesse à Yquem.

Certains premiers ou seconds crus de sauternes vendent en primeur, par nécessité, une partie de leur récolte. Le fait de ne pas vendre en primeur est appréciable pour l'amateur car le vin n'est mis en bouteille qu'au bout de trois ans et demi d'élevage. Il est préférable de le présenter aux professionnels quand il est achevé, c'est-à-dire quand il a accompli son parcours du combattant en barrique, qu'il s'est dépouillé de toutes ses lies, de toutes ses imperfections, qu'il a commencé à se fondre, bref à devenir ce qu'il doit être. On peut alors commencer à en donner une appréciation, laquelle va bien entendu varier au fil du temps, puisque chaque décennie voit le même millésime évoluer. Le stock d'Yquem que j'ai accumulé me permet de ne mettre sur le marché que des vins d'un certain âge, qui ne seront donc pas consommés trop tôt. Certains viticulteurs comme Christian Médeville[4] perfectionnent ce processus.

J.-P. K. – Cela doit représenter une importante immobilisation.

A. L. S. – C'est ce que disent les purs financiers. Mais nous sommes des viticulteurs. Étant donné que cela se passe très bien ainsi, je ne vois pas pourquoi j'élaborerais des théories financières sur le coût des immobilisations. Lorsque j'ai pris le domaine en main, il y avait à peu près l'équivalent de 400 000 bouteilles dans le chai. Il en renferme plus du double actuellement. Cette réserve me permet de lisser toute la production et surtout d'achever le vin et de disposer d'un stock qui permet d'affronter les risques d'une année déficiente.

J.-P. K. – Le prix des premiers crus classés du Médoc, par exemple, peut-il servir de référence ?

A. L. S. – Il nous donne une indication de la tendance. Si elle est à la hausse, il faut saisir l'argument, en profiter et aligner nos ambitions en conséquence, puisque nous sommes dans une économie qui varie, avec des impératifs et des contraintes d'investissement. C'est l'occasion de valoriser Yquem, de le placer à son plus juste niveau. D'autant plus que derrière, il y a toute l'appellation Sauternes qui suit Yquem.

J.-P. K. – C'est donc en fonction du prix d'Yquem que les autres propriétés de Sauternes vont déterminer le leur ?

A. L. S. – Certainement. Yquem fait la percée, au profit de tout le monde.

J.-P. K. – Votre oncle avait imaginé de créer hors Sauternes une appellation spécifique rien que pour Yquem. Vous y êtes, semble-t-il, opposé. Il n'en reste pas moins que vous faites figure de cavalier seul au sein de l'appellation.

A. L. S – Je considère qu'il y a solidarité entre tous les professionnels du vin de Sauternes et que j'ai, sinon des conseils à donner – je me suis bien gardé de le faire –, du moins des avis à émettre pour « la défense et l'illustration » de l'appellation Sauternes, pour reprendre les termes qui fondent l'Académie française. Mais je ne suis pas sûr d'être très écouté dans les réunions professionnelles, même avec les deux voix de Fargues et d'Yquem. Nul n'est prophète en son pays. Dans beaucoup de secteurs, en France, nous n'avons pas beaucoup le sens du travail en équipe. Au contraire, je risque de me heurter à des problèmes de jalousie, défaut bien français lui aussi.

J.-P. K. – Un vin est fait pour être bu, et là commencent d'autres difficultés. Quand peut-on boire du sauternes, et plus particulièrement de l'Yquem ? Peut-on en boire avec presque tout ?

A. L. S. – Presque. Mais... ce « presque » est important. Ceci dit, il n'y a pas vraiment de difficulté : d'abord on peut boire le vin de Sauternes seul.

J.-P. K. – Pourtant, si l'on commence un repas avec un Yquem, il faut admettre qu'on ne boira plus rien d'autre après. Vous parliez du tapissage des papilles gustatives, rédhibitoire pour apprécier ensuite un Margaux, un Lafite ou un Mouton par exemple. Commencer un repas avec un foie gras accompagné d'Yquem, c'est admettre en fait qu'on ne boira plus rien après car il écrase de sa richesse et de sa complexité tout ce qui suit.

A. L. S. – Sauf si l'on sert entre-temps un bouillon chaud ou tiède. C'est une tradition d'Yquem, ce consommé, c'est notre « trou sauternais ». Il permet de renouveler le palais et de le préparer à d'autres sensations. L'idée m'en est venue il y a quelques années, quand je craignais de ne plus avoir d'amis en Médoc et à Saint-Émilion, à force de mettre leurs vins en difficulté... Tout comme d'ailleurs un Yquem n'existe plus servi après un porto, comme un porto après un cognac. Il y a une hiérarchie, une chronologie, à respecter.
Si vous tenez à boire du vin de Sauternes en début de repas, je suggère ce changement du palais, ce rafraîchissement pour pouvoir recevoir et apprécier à sa juste valeur un élégant et

fin médoc. Mais rien n'oblige à commencer le repas avec de l'Yquem. On peut le boire seul, comme font les Italiens.

J.-P. K. – C'est la meilleure façon de le boire.

A. L. S. – La meilleure façon de le boire, c'est aussi avec un bon ami, ou une amie chère bien sûr, comme le dit Frédéric Dard. Ensuite, on peut le boire avec des viandes blanches. Pendant longtemps, le plat dominical en Sauternais était un poulet rôti accompagné d'un sauternes.

J.-P. K. – Et avec les huîtres ? Vous parliez tout à l'heure d'Alexandre Dumas et du barsac.

A. L. S. – Il y a des gens qui aiment cet accord. Honnêtement, je ne suis pas un grand fanatique. Je préfère un bon graves sec pour les accompagner. Avec les poissons en sauce en revanche, le mariage est délicieux. Avec les soles, les turbots, en particulier, et bien sûr les homards, les langoustes. Il existe également une salade Alexandre Dumas, une recette assez complexe qui incorpore un petit peu d'Yquem.

J.-P. K. – N'est-ce pas un peu criminel, de le confronter à un mets vinaigré ?

A. L. S. – Ce n'est sans doute pas la meilleure méthode pour en apprécier toute la complexité. Disons que cette salade est un intermède, et que seul un sauternes peut tenter d'affronter une salade avec du vinaigre.

J.-P. K. – Avec le fromage, pas de problème ?

A. L. S. – Au contraire, même s'il y a des gens qui sont contre le roquefort, j'en ai rencontré ! Tous les fromages du type tome, tous les fromages bleus conviennent admirablement. Le problème du dessert est plus délicat.

J.-P. K. – Le chocolat est à proscrire.

A. L. S. – Oui, pour le chocolat, personnellement je laisse la place au porto ou à un grand banyuls.

J.-P. K. – Quel type de dessert servir alors ? Il ne faut pas qu'il contienne trop de sucre.

A. L. S. – Il faut enfermer à double tour le chef pâtissier, parce que sa manie, c'est le sucre. Généralement, il ne peut s'empêcher d'en mettre partout et beaucoup. On ne peut déguster avec l'Yquem que des tartes aux fruits très simples ou des tartes aux amandes, à la rigueur une frangipane à peine sucrée. Il y avait autrefois à Langon un pâtissier qui faisait des frangipanes ou des pithiviers fabuleux. Une poire, les fruits en général, conviennent parfaitement.
Ensuite, on peut continuer à le goûter tout seul, avec quelques amandes et quelques pistaches. Comme disent les Italiens, c'est un vin de méditation.

J.-P. K. – De cette petite énumération nous pouvons finalement conclure que l'on peut faire un repas entier en buvant de l'Yquem.

A. L. S. – Ce n'est pas ce que je préconise absolument. Le vin pour moi c'est la diversité, mais c'est un problème plus facile à résoudre que celui de mettre en valeur un grand médoc ou un grand saint-émilion tout en finesse, en élégance, qu'un vin bien tannique, bien méditerranéen peut littéralement escamoter. L'élégance a pour première qualité de ne pas se faire remarquer. Il faut alors préparer l'apparition de la star, proscrire des plats trop opulents, trop riches en épices, en cannelle, en vanille qui estomperaient les qualités du vin. Les Médocains composent des repas souvent très simples pour laisser à leurs vins tout le loisir de s'exprimer. On ne peut pas avoir plusieurs vedettes à la même table, un archevêque avec un préfet ou un ministre, c'est bien connu des maîtresses de maison. De même, il ne faut pas accumuler trop de choses exceptionnelles à la fois, vins et mets.

J.-P. K. – Faut-il le passer en carafe ?

A. L. S. – Je trouve que c'est avisé pour les vins rouges surtout s'ils sont anciens, pour les séparer de leurs dépôts, mais je n'en vois pas l'utilité pour les sauternes, si ce n'est pour mettre en valeur la carafe, comme celle conçue spécialement par Baccarat. J'aime bien la montrer parce qu'elle raconte toute une histoire liant Yquem et la cour du tsar.

J.-P. K. – Mais le contact avec l'air ne mettrait-il pas davantage en valeur les arômes ?

A. L. S. – Personnellement – mais c'est une affaire de goût –, je préfère le laisser dans sa bouteille d'origine, sauf pour les vins d'Yquem très jeunes, de dix ans d'âge et moins, qui méritent d'être dépouillés d'éventuelles traces de SO_2.

J.-P. K. – L'anhydride sulfureux que vous évoquez est tenu pour responsable des maux de tête que peut occasionner une consommation immodérée de vin de Sauternes. Ne peut-on pas s'en passer ?

A. L. S. – L'excès vient peut-être davantage de la quantité de vin que du SO_2, qui est depuis longtemps l'antiseptique du vin – et de l'alimentation en général –, le plus efficace et le plus anodin pour l'homme. C'est vraiment un ami du vin. On ne peut s'en passer à l'heure actuelle, il faut simplement le doser précautionneusement, ce que nous savons parfaitement faire. Songez que, quand j'ai pris les rênes d'Yquem, lorsque Roger Bureau mettait « un petit peu » de SO_2, il opérait approximativement... Guy a été beaucoup plus précis et parcimonieux pendant les trente ans qu'il a dirigé le chai. On utilise désormais des dilutions que l'on incorpore de manière quasi homéopathique au vin. C'est une tendance générale dans tout le Sauternais. Même si on a prêté au SO_2 des défauts qui n'étaient pas forcément les siens, il faut l'utiliser à bon escient. On sait très bien le faire aujourd'hui.

J.-P. K. – À quelle température doit-on servir l'Yquem ? On a souvent tendance à le boire frappé.

A. L. S. – Oui, et c'est dommage parce que trop froid il se referme, et ne développe pas tous ses arômes. Je préconise de le servir au mieux à 12 degrés, jamais en dessous. Servi à 12 degrés, il monte très rapidement en température dans le verre, environ de 14 degrés à 16 degrés ; il est encore frais, avant de se stabiliser à la température de la pièce, c'est-à-dire 20 ou 22 degrés. On a ainsi tout le temps de le voir évoluer. Pour le juger de la meilleure façon, nous le dégustons à la température du chai, soit autour de 16 degrés l'été.

J.-P. K. – Il faut souligner également que c'est un vin qui voyage bien. À la différence d'un vin rouge, il est peu fragile.

A. L. S. – Émile Peynaud m'avait dit, un jour, avoir fait l'expérience de mettre un sauternes en étuve à 32 degrés pendant trois semaines. Là où le vin rouge succombe, le sauternes sort indemne. C'est un vin qui supporte très bien les humeurs, les sauts de température et les mauvais traitements. En revanche, il tolère mal, ou trop bien, les odeurs – c'est un fixateur d'arômes.

J.-P. K. – À propos du fameux millésime 1967 et du problème de la température : sans doute savez-vous qu'il existe un 1967 « retour d'Afrique ». Mobutu, qui aimait l'Yquem, en avait acheté des quantités astronomiques. Il a fini par en revendre un certain nombre qu'on a retrouvé sur le marché. Tous ceux qui l'ont goûté l'ont trouvé sublime. Il semble qu'il ait merveilleusement bien évolué dans les régions équatoriales.

A. L. S. – J'ignorais qu'il s'était défait d'une partie de sa cave, mais ce bon vieillissement sous les tropiques ne me paraît pas trop surprenant pour un sauternes.

1. Personnalité bordelaise, Jean-Paul Jauffret est négociant en vins, ancien président du Consortium vinicole de Bordeaux et du Conseil interprofessionnel du vin de Bordeaux (CIVB).
2. Émile Peynaud est un œnologue bordelais qui a révolutionné les techniques de vinification, auteur d'un *Traité d'œnologie* en 4 volumes, de *Connaissance et travail du vin* et du *Goût du vin*.
3. Raoul Salama est membre du comité de dégustation de la *Revue du vin de France* depuis 1983, conférencier à l'Institut d'œnologie de Bordeaux, membre de plusieurs jurys de dégustation.
4. Christian Médeville, propriétaire du château Gilette, s'est fait une spécialité, très prisée des amateurs, de ne commercialiser que des millésimes anciens.

VI

LE MYTHE D'YQUEM. – LA CHAIR ET L'ESPRIT.
PREMIÈRE MESSE AVEC DU VIN D'YQUEM. – LE SANG DU CHRIST.
LA RANÇON DE L'EXCEPTION – SINGULARITÉ ET SOLITUDE.
UNE NOUVELLE PAGE. – QUELQUES AMATEURS CÉLÈBRES.

J.-P. K. – Quel effet cela fait-il, Alexandre de Lur Saluces, d'être à la tête d'un mythe ?

A. L. S. – On ne s'en rend pas compte, en tout cas pas tout de suite. Aux innocents les mains pleines… Ce n'est que tard que l'on en prend la mesure, à travers les réactions des visiteurs, des amateurs, des courriers, des rencontres. Un mythe est par définition inaccessible, hors de notre portée. Je m'efforce de témoigner de cette philosophie dont j'ai hérité et qui met en avant le respect. Le respect des gens qui travaillent – c'est sans doute un des grands besoins de notre époque de respecter autrui – et puis le respect à l'égard de ceux qui sont à l'origine de cet ensemble parfait et harmonieux que vous avez appelé un mythe. Et puis encore le respect de la nature.

J.-P. K. – Les Américains en particulier sont absolument fascinés par le mot Yquem. Vous l'avez sans doute constaté maintes fois au cours de vos voyages.

A. L. S. – Plus peut-être que les Américains, les gens les plus fascinés que j'ai pu rencontrer après les Japonais sont sans doute les Italiens. Ils aiment ce vin. Et pour le déguster, pas uniquement pour le regarder. Ils admirent et ensuite ils usent d'un tire-bouchon. Dans le nord de l'Italie en tout cas. Je trouve cela très flatteur de la part d'un peuple qui a un tel sens du beau. J'aime penser que ce vin leur plaît et leur parle. Mais les Suisses ne sont pas très loin non plus ! Et les Anglais...

J.-P. K. – Revenons-en au mythe. Un mythe, c'est une construction de l'esprit, une représentation idéalisée. Pourtant, s'il y a une chose vraie et certaine pour Yquem, c'est qu'on n'est pas dans une construction illusoire ou simplifiée. Rien n'est laissé au hasard. Derrière le mythe, il y a un travail quotidien et de la rigueur.

A. L. S. – C'est en effet la part du mythe sur laquelle on peut agir : le travail minutieux, respectueux de la nature, qui est conduit par des gens qui en ont compris l'enjeu d'une manière plus charnelle qu'intellectuelle. Je pense qu'on pourrait économiser la moitié des soins qui sont prodigués à la vigne et au vin, puisque viticulture et vinification sont deux métiers relativement différents et complémentaires. On pourrait certainement simplifier. En réalité cette addition de détails fait, comme dans tout artisanat, la différence. D'ailleurs personne ici n'a jamais songé à faire l'erreur de cette simplification. Trop de fierté est investie dans le vin d'Yquem.

J.-P. K. – « Charnel » et « intellectuel », vous venez de prononcer deux mots importants. Yquem n'est-il pas le produit de cette cohabitation-là : la chair et l'esprit ?

A. L. S. – Yquem est-il un vin intellectuel ? Bien sûr l'intellect peut essayer de l'analyser, de le décortiquer, pour finalement le détruire. Quand on a repéré le goût d'abricots trempés dans de l'amande ou je ne sais quoi d'autre, on n'a rien dit. Cela ne permet pas de reconstituer le vin, on établit tout juste quelques repères pour la mémoire. En réalité le vin raconte une histoire qui est une histoire sensorielle sublimée. Certes, Jean-Didier Vincent[1] dirait que le cerveau intervient pour prendre en charge ces sensations et leur donner une sorte de signification, qui finalement reste peu intellectuelle.

J.-P. K. – Parlons de spirituel alors : Yquem est le produit d'une civilisation. On sent dans ce vin quelque chose d'achevé, de totalement abouti. Il y a peut-être aussi dans ce caractère absolu une part de sacré.

A. L. S. – C'est vrai. Je repense à ces prêtres qui m'ont demandé une bouteille d'Yquem pour dire leur première messe, ou à cet excellent abbé venu compléter une demi-bouteille avec ce qui restait du « flacon » datant de sa naissance, cadeau qu'il utilisait pour dire sa messe. Le cher homme prélevait chaque matin, depuis une semaine, quelques centilitres d'Yquem et refermait la bouteille au contenu progressivement oxydé. Ces prêtres recherchent une autre forme d'absolu. Ils voient le mythe, le respect des hommes et de la nature, l'intemporalité aussi... Dans leur démarche telle qu'ils la formulent transparaît le souhait d'utiliser ce qu'il y a de mieux pour célébrer l'eucharistie. Dieu mérite ce qu'il y a de mieux en remerciement. Il y a un très grand apport de la tradition dans Yquem et je pense qu'il est perçu clairement. Yquem est le fruit des attentions d'une famille, transmises de génération en génération.
Je pense souvent à cette aïeule, Françoise Joséphine, qui a planté les chênes que je remplace au fur et à mesure de leur déclin sur l'airial d'Yquem. Il existe donc une continuité à travers des générations qui se sont succédé avec tous les hasards de la vie, d'une vie. Il y a quelque chose de commun à tous les vins. Le vin est volontiers ressenti comme le fruit d'une petite entreprise à vocation familiale, c'est le fait de l'homme, « le fruit de la vigne et du travail des hommes ». Les jeunes prêtres

qui veulent dire leur première messe avec le vin d'Yquem pensent peut-être aussi à cela. Ils pressentent une vérité qui s'est transmise de génération en génération. Cette authenticité, on peut l'associer au respect du sol et de la nature en général. Ce sont des réflexions ou des observations autour du mythe. Je n'en sais pas tout, j'en suis seulement locataire.

J.-P. K. – N'y a-t-il pas aussi dans ce choix un symbole, celui de la pourriture noble ? Le raisin qui se corrompt pour ressusciter.

A. L. S. – Quelque chose qui en apparence est pourri, mort...

J.-P. K. – ... et qui va revivre...

A. L. S. – ... en devenant à la messe le sang du Christ. Beaucoup de gens ne sont pas conscients de ce thanatos, de ce passage par la mort. La pourriture, ce champignon microscopique qu'est le *Botrytis cinerea*, attaque et fait disparaître tous les végétaux. Pour l'Yquem, c'est le contraire : la pourriture sublime le raisin et sublime le vin. On peut noter aussi que les deux symboles chrétiens par excellence, le pain et le vin, sont le produit d'une transmutation par l'action de levures. À Sauternes, il y a une double renaissance, résurrection.

J.-P. K. – L'image du pressoir mystique est également une représentation qui a été souvent utilisée au Moyen Âge. La passion du Christ est figurée ainsi par le raisin qui subit le foulage, le piétinement. Il va mourir pour se métamorphoser, ressusciter.

A. L. S. – C'est vrai qu'à Yquem on éprouve parfois ce sentiment d'être au cœur d'un miracle païen, dionysiaque. Quelque chose hors norme se révèle. D'autres crus possèdent aussi un terroir exceptionnel, cultivent la vigne avec toute la rigueur possible, élèvent scrupuleusement le vin, pourtant Yquem semble à part. Ce n'est pas seulement une question de soins ou d'efforts, il y a quelque chose de plus.

J.-P. K. – Yquem occupe en effet une place à part parmi les vins de Bordeaux. Dans un dîner important organisé par les crus classés, lorsqu'il faut choisir entre Haut-Brion, Lafite, Margaux ou Mouton par exemple, pour ne pas faire de jaloux il y a toujours cette solution extrêmement simple qui résout toutes les préséances : Yquem.

A. L. S. – Sa spécificité de vin blanc parmi tous ces rouges place Yquem a priori au-dessus de toute concurrence. La révérence qui est accordée à Yquem n'est contestée par personne. Je l'ai encore entendu aux États-Unis il y a une semaine. La présentation qui était faite d'Yquem par un des Américains consistait à dire : « Si l'on demande à un Bordelais quel est le meilleur vin de Bordeaux, il vous répondra : Yquem. » C'est sans doute excessif, voire partial, mais assurément la renommée de ce vin dans le monde est sans rapport avec sa faible production.

J.-P. K. – Le fait d'être à part n'engendre-t-il pas un certain sentiment de solitude ? Vous-même, Alexandre de Lur Saluces, donnez parfois cette impression d'isolement. Serait-ce la rançon de l'exception ?

A. L. S. – C'est possible, je manque peut-être de recul, mais je ne me sens pas personnellement solitaire à l'Académie du vin de Bordeaux par exemple, et m'estime plutôt solidaire d'une profession. Dans son domaine, un leader ne peut remplir son rôle de premier de cordée que s'il fait l'unanimité derrière lui. Or le succès d'Yquem crée des sentiments ambigus, mélange d'admiration, d'envie et de jalousie, en proportions variables et souvent indéchiffrables. Je reste donc il est vrai dans une attitude de prudence, voire de réserve, qui entraîne éventuellement comme vous l'exprimez une forme d'isolement. En 1968, je m'étais investi dans les problèmes syndicaux concernant l'appellation Sauternes. Comme je ne me suis pas senti particulièrement écouté, j'en ai conclu que ma meilleure contribution pour l'appellation était de participer indirectement à sa promotion en m'occupant de Fargues et d'Yquem.

J.-P. K. – La philosophie d'Yquem apparaît comme une philosophie altière, j'allais dire orgueilleuse. C'est peut-être le sentiment d'être singulier, unique, hors de l'ordinaire.

A. L. S. – Peut-être, et cela ne crée pas que des amitiés... De la part de voisins, de parents même, j'ai entendu dire il y a vingt-cinq ans : « Yquem met la barre trop haut et nous empêche de vivre, nous sommes toujours dans son ombre... » C'est un total contresens. Le concept de « sauternes du pauvre » soutenu par un ingénieur hautement diplômé de la région est une superbe idiotie. Le « pauvre » qui désire un sauternes veut avant tout qu'il soit bon. Penser le contraire est le mésestimer.
De la même façon, la fixation du prix a pu à certaines époques entraîner une réticence, voire une résistance, à ce que vous nommez une philosophie altière, à cette conception exigeante du vin. Le négoce pourrait avoir tendance à dire : « Mais faites donc quelque chose de plus simple, ne recherchez pas une qualité aussi extrême mais si coûteuse, vous êtes beaucoup trop cher et votre vin est trop rare, etc. » En pareil cas il faudrait s'opposer, prendre ses distances pour affirmer : « Eh bien non ! je continue comme ça, je ne transigerai pas, ce n'est pas la vocation d'Yquem, vous sous-estimez vos clients qui sont aussi les miens. » Encore une fois, ce « je » est l'inverse du « nous » de majesté, c'est un « je » qui implique toute mon équipe, tous ceux qui m'entourent et qui ont la même ambition.

J.-P. K. – Il y a une indéniable grandeur dans cette attitude. N'est-ce pas le général de Gaulle qui disait : « La grandeur ne va pas sans une certaine mélancolie. » L'éprouvez-vous ?

A. L. S. – Nos ambitions morales, notre éthique du dépouillement, notre souci de la rigueur dans le travail, dans le respect de la nature qui nous est confiée peuvent amener à des sentiments de ce type. Dans les générations qui m'ont précédé, je crois percevoir au-delà de la mélancolie une certaine rigidité. Personnellement, je ne crois pas qu'il faille cultiver la mélancolie, encore moins la tristesse. Je m'en consolerais d'ailleurs par la joie que nous transmettent les visiteurs, tous ceux qui admirent Yquem, et même à travers ceux qui veulent l'égratigner car c'est un hommage que le vice rend à la vertu. Il y a aussi ces moments de joie passés à la salle de dégustation du chai ou au moment des accabailles.

J.-P. K. – Ceux qui vous connaissent mal vous décrivent comme un personnage distant. Que répondez-vous à cela ?

A. L. S. – Je veux bien croire que je suis distant avec les gens qui m'ennuient, je ne peux d'ailleurs pas n'avoir que des amis. Vous dites vous-même que ce sont les gens qui me connaissent mal qui expriment cette opinion. Après avoir été maire, je suis élu municipal de Sauternes depuis plus de vingt ans, ce n'est pas que je sache une fonction de droit divin.

J.-P. K. – Pourquoi n'êtes-vous pas parvenu à vous entendre avec les autres actionnaires de votre famille ? Est-ce l'effet de votre tempérament absolu, d'aucuns disent autoritaire ?

A. L. S. – On pourrait retourner la question, cela me paraîtrait encore plus intéressant. Mes cousins ont mis vingt ans pour se laisser persuader que je menais les choses d'une manière

autoritaire. Chose curieuse, mon oncle souffrait le même reproche. Le fait est qu'une voiture ne peut être conduite que par un seul conducteur. Mais dans nombre de PME, ce principe n'est pas toujours admis. D'ailleurs, les désaccords apparaissent souvent quand une entreprise prend une valeur importante. J'ai essuyé le reproche contradictoire d'être trop exigeant en éliminant trop de barriques. De même, je ne distribuais pas assez de revenus, et faisais trop d'investissements, qui d'ailleurs coûtaient trop cher. Tous ces griefs formaient en réalité l'habillage d'une querelle dont les motifs, exprimés ou non, ne résistent pas à l'examen. On connaît le dicton : « Qui veut noyer son chien... »
Les investissements en question ont valorisé Yquem en permettant au personnel de travailler dans des conditions normales et au vin de progresser en régularité. Tous les grands crus de Bordeaux ont investi ces dernières années pour se moderniser, certains beaucoup plus généreusement qu'Yquem. J'ai toujours veillé en effet à étaler les dépenses en attendant qu'une nouvelle forme juridique donne une meilleure assise fiscale. Il n'y avait pas de raison sensée de vendre la majorité d'Yquem.

J.-P. K. – En tout cas, c'est cette mésentente qui a permis à Bernard Arnault de s'emparer d'un domaine qui était depuis plus de quatre siècles dans votre famille.

A. L. S. – Il y a quelque chose d'iconoclaste dans le fait d'avoir cédé la majorité d'Yquem. Encore une fois, ce naufrage était inutile, tout à fait contraire à la tradition familiale comme elle se lit dans le testament de notre ancêtre Françoise Joséphine d'Yquem et de ceux de ses successeurs. Mais ce conflit avait atteint un tel degré de violence que ce sacrilège devenait inévitable. Bernard Arnault, et son épouse d'ailleurs, sont tombés sous le charme de ce domaine, ont été sensibles à son prestige. J'ai dû tourner une page, Bernard Arnault me demande et me donne le moyen d'écrire la suivante, et pourquoi pas avec mon fils Bertrand. Il est en tout cas agréable d'avoir affaire à quelqu'un qui demande des nouvelles de la vigne et des vins en chai.

J.-P. K. – Vous avez souvent dit : « Nous ne sommes pas propriétaires de nos vins. » Yquem donc n'appartient à personne...

A. L. S. – Cela me fait songer à une phrase de Saint-Exupéry, que m'avait citée une religieuse après sa visite à Yquem : « On n'hérite pas de sa terre, on l'emprunte à ses enfants. » D'une autre façon, ces vins sont nés de l'enthousiasme de visiteurs et d'amateurs. Je peux même dire que ce sont eux qui les ont découverts. Je cite volontiers les principaux mais on en trouverait beaucoup d'autres simplement en consultant le livre de chai de l'époque : il y a eu le futur président des États-Unis d'Amérique Jefferson ; il y a eu, accessoirement si je peux dire, son prédécesseur George Washington ; il y a eu le frère du tsar, le grand duc Constantin, qui est probablement venu à Yquem et qui s'est enthousiasmé pour ce vin et en a commandé pour la cour de Saint-Pétersbourg ; et puis il y a eu l'empereur du Japon de l'ère Meiji, qui a élevé Yquem à un rang réellement mythique, puisque c'est le vin qu'offre l'empereur quand il veut faire un cadeau spécial à l'un de ses proches. L'amiral Togo, le vainqueur de la flotte russe en 1905, s'est également arrêté à Yquem, en route pour le couronnement d'Édouard VII où il représentait l'empereur du Japon. Le colonel Rémy m'a personnellement dit avoir traversé la Manche avec des bouteilles d'Yquem destinées au général de Gaulle, à Londres entre 1940 et 1944.
En fait, ce sont les amateurs qui ont découvert ce vin. Grâce à eux nous pouvons continuer une production hors norme. Nous

savons que, malgré les difficultés auxquelles peuvent être confrontés les négociants pour l'écouler, un certain nombre d'inconditionnels achèteront toujours quelques bouteilles ou caisses pour alimenter leur cave tous les ans, quel qu'en soit le prix.

J.-P. K. – À l'inverse, il y a des gens qui ont un sentiment de possession à l'égard de ce vin. Comme si une part d'Yquem leur appartenait.

A. L. S. – C'est stimulant et émouvant. Même si c'est encombrant à l'occasion, Yquem se doit d'être accueillant à l'égard de tous. C'est une des raisons pour lesquelles je limite le nombre de visites, afin que nous soyons disponibles pour les gens qui aiment ce vin. De toute façon, les amoureux d'Yquem sont également sensibles à une certaine discrétion. Yquem est l'inverse exact d'une boisson industrielle.

J.-P. K. – Il y a en effet une discrétion et un dépouillement inhérents à Yquem. Néanmoins, les membres de votre famille ont critiqué un train de vie fastueux au château.

A. L. S. – Le train de vie « fastueux » qui m'a été reproché pour Yquem est un faux prétexte. Il s'inscrit dans la nécessité de faire de ce lieu un exemple vivant de l'art de vivre que les étrangers apprécient en achetant nos vins. Mes parents qui me font ce reproche infondé, et qui, encore une fois, s'inscrit dans un conflit dont les véritables motivations étaient tout autres, n'ont sans doute jamais pris la peine d'aller voir ce qui se fait dans les autres crus de Bordeaux. J'ai cherché à gérer Yquem « en bon père de famille » comme disent les notaires. Cela transparaît dans la sobriété que j'ai souhaité conserver en dehors et à l'intérieur d'Yquem. C'est ce dépouillement qui apparaît sur l'étiquette. Mais pour autant, son papier est le résultat d'une fabrication sophistiquée des papeteries Arjomarie comportant, entre autres, un filigrane permettant d'expertiser l'étiquette et de démasquer d'éventuelles contrefaçons. Le luxe, je le réserve au vin.

1. Jean-Didier Vincent, neurobiologiste, auteur de *Biologie des passions* et de *La Chair et le diable*. Ses recherches concernent notamment les mécanismes du comportement et des hormones sécrétées par le cerveau.

VII

J.-P. K. – Le testament de votre oncle, Bertrand de Lur Saluces, contient des mots extrêmement intéressants. Il écrit notamment : « Ce que je transmets, je l'ai reçu moi-même au titre de mission sociale à remplir. » Qu'entendait-il par « mission sociale », à votre avis ?

A. L. S. – Je crois qu'il y a deux choses. La première est que ce domaine lui donnait des moyens et une notoriété qui lui créaient des devoirs, autant d'obligations que de privilèges. Ceci indépendamment d'Yquem. Et puis, si on prend Yquem en lui-même, c'est évidemment un honneur, un prestige extraordinaire que d'avoir une carte de visite pratiquement internationale. Combien de fois m'est-il arrivé après avoir réservé ma table dans un restaurant, même à l'autre bout du monde, d'être attendu par le sommelier, le sourire jusqu'aux oreilles ! Ou alors, dans un aéroport, en demandant au premier agent venu la porte d'embarquement de mon avion, de m'entendre répondre après consultation de mon billet : « Ne vous en faites pas, c'est tout à côté. Au fait, comment se sont passées les vendanges cette année ? »
En second lieu, mon oncle considérait qu'être à la tête d'Yquem l'obligeait à intervenir dans la vie publique et dans la vie

politique, et je crois que ça reste un devoir, une contrepartie des privilèges. L'indépendance d'esprit et les moyens financiers que peut procurer Yquem autorisent des droits certes, mais créent surtout des devoirs.

J.-P. K. – Pour reprendre votre idée, Yquem ne vous appartient pas, vous l'avez emprunté à celui qui vous succédera. Ce qui vous importe, c'est de transmettre à votre tour Yquem dans le même esprit que celui que votre oncle vous a légué. Mais les choses ont changé. Auparavant, il s'agissait de transmettre à un Lur Saluces. Aujourd'hui, c'est à Bernard Arnault.

A. L. S. – Il existait une obligation morale : tout faire pour transmettre Yquem à l'intérieur de notre famille. Même si cela relevait du défi puisque les transmissions de patrimoine, en France, relèvent du tour de force voire de la mission impossible. Je suis parvenu à régler la succession de notre oncle en dix ans et avec beaucoup de chance. Le notaire considérait que ce serait infaisable sans vendre des éléments du patrimoine. J'ai mis du temps, mais j'ai réussi à franchir cette étape en conservant l'intégralité de ce domaine. Depuis, à chaque investissement, j'ai eu le sentiment de travailler contre cette ambition de transmission. En France, plus on apporte d'améliorations à une entreprise, plus on la rend intransmissible. L'un de mes amis m'a fait remarquer, il y a quelque temps, que nous étions en fait les métayers d'un État qui « rançonne » les propriétaires dont les biens ne peuvent échapper à sa surveillance. La transmission d'Yquem devenait effectivement de plus en plus problématique. Mais j'avais réussi une fois, alors, j'espérais.
Aujourd'hui, mon ambition est de faire aimer Yquem à un nouveau partenaire.

❦

J.-P. K. – C'est à Singapour, en novembre 1996, que vous avez appris qu'Yquem allait changer de mains. Avez-vous été totalement surpris ?

A. L. S. – En novembre 1996, le conflit avec les membres de ma famille était déjà aigu. Hainguerlot père et fils n'avaient pas encore trouvé comment s'y prendre avec mon frère qui nourrissait à leur égard la plus grande suspicion. Rien ne me laissait imaginer qu'il pourrait changer de conduite. À deux, nous étions majoritaires. Nous pouvions donc résoudre le problème qui se posait.
Il m'était revenu que des renseignements que je n'aurais jamais osé communiquer – parce que propriété des partenaires d'Yquem – circulaient dans les milieux bancaires. J'avais reçu la visite d'un collaborateur de Bernard Arnault m'indiquant son intérêt pour Yquem et j'avais tenté de le dissuader. Des articles tapageurs parurent ensuite pendant que je me trouvais en Extrême-Orient. C'est la façon de procéder qui a choqué. Mais ce n'est pas, dans cette affaire, ce qui m'a le plus étonné ni indigné.
Les arguments avancés – mon autoritarisme, ma gestion onéreuse, le manque de revenus, la mésentente avec les actionnaires propriétaires, le projet de statuts de la société en commandite qui, prétendument, lésait les actionnaires –, sont des alibis pour habiller une vengeance méditée de longue date et qui, en définitive, ne me vise même pas. Des cousins qui avaient fédéré un groupe familial ont beaucoup investi de leur temps, après avoir engagé l'un des plus grands cabinets d'avocats de la capitale avec pour mission de revoir les statuts de la commandite familiale proposés. Ils les ont ensuite adoptés à l'unanimité, pour, décidément, faire à leur avocat une telle scène que ce dernier a fini par leur restituer une partie des honoraires qui lui avaient été réglés par Yquem et que j'ai dû remettre dans la trésorerie.

Cet avocat avait eu le tort de ne pas comprendre à demi mot l'intention réelle aboutissant à saboter le lien unissant la famille Lur Saluces à ce joyau qu'est Yquem.

Par ailleurs, ils avaient présenté cette affaire comme toute simple aux collaborateurs de LVMH. En fait un certain nombre d'obstacles se présentaient, dont l'indivision que reconnaît un accord rédigé par mon frère et moi-même en 1968. Ce n'est que près de trois ans après que ce projet a abouti. J'ai fini par abandonner un combat d'autant plus vain que Bernard Arnault a clairement manifesté pour Yquem un intérêt qui ne met pas en cause l'avenir de cette propriété exceptionnelle.

&a.

J.-P. K. – Avant l'accord d'avril dernier, aviez-vous rencontré Bernard Arnault ?

A. L. S. – Oui, une fois, il y a un peu plus d'un an. Je lui avais souligné les difficultés de la production d'un sauternes comme Yquem. Elles sont sans commune mesure avec tout autre vin. Je lui avais aussi décrit les cycles auxquels nous sommes parfois soumis, pensant aux séries d'années difficiles qui sont de nature à décourager un investisseur. En bref, j'avais essayé de le dissuader de son entreprise. Sans se démonter, il avait étendu l'observation à la disparition des dinosaures après un cycle de refroidissement de la terre.

Aujourd'hui, mon partenaire se dit soucieux de conserver à Yquem tout son lustre. Je serai à ses côtés pour concrétiser cette intention, et j'ai toutes les raisons de penser que je serai mieux compris que dans le passé. Ce qui n'est pas trop difficile.

J.-P. K. – Apparemment, vous avez changé d'avis sur le personnage.

A. L. S. – Je n'ai pas à changer d'avis sur la personne de Bernard Arnault, j'ai à trouver l'aspect le plus positif d'une situation qui passe par lui. Je ne peux qu'être intéressé et touché par l'enthousiasme qu'il manifeste pour son acquisition. Lui et son épouse. Madame Arnault, en musicienne, a été sensible à l'atmosphère d'Yquem, à sa magie, à son prestige.

J.-P. K. – Bernard Arnault ne s'est tout de même pas métamorphosé du jour au lendemain. Il a la réputation d'un homme qui froidement calcule ce qui lui est profitable et d'agir en conséquence.

A. L. S. – Bernard Arnault n'a sans doute pas changé lui non plus. Il est certainement un bon calculateur. J'admire en lui le polytechnicien, le curieux aussi. En tout cas je n'en sais pas plus que ce qu'on trouve dans la presse, sur ses qualités remarquables et sur ses défauts exceptionnels. Je préfère juger par moi-même, compte tenu des portraits de moi que j'ai retrouvés dans certaines colonnes, après avoir accueilli les enquêteurs à ma table.

J.-P. K. – Il n'est donc pas nécessaire d'être un Lur Saluces pour être fidèle à l'esprit d'Yquem.

A. L. S. – Ce serait vraiment une prétention abusive que de s'arroger ce monopole. Je pense que les choses peuvent évoluer, mais pas d'une façon violente. Michel Serres a dit dans un de ses textes[1] : « ... Yquem n'appartient pas seulement, et définitivement, à la famille de Lur Saluces, mais, aussi et pour toujours, à la France, à l'Europe et au monde, je veux dire à vous-même et à moi, comme la cathédrale de Chartres, le *Dom Juan* de Molière, le *Boléro* de Ravel ou les *Nymphéas* de Monet. Partie du trésor inaliénable des femmes et des hommes, Yquem, oui, appartient à notre famille humaine. » Il m'appartient de donner une suite à ce qu'ont fait les Lur Saluces, à travers plusieurs générations. L'esprit humain aimerait qu'il y ait une sorte de continuité liée à une famille ; il n'y a pas que dans le cas d'Yquem qu'on éprouve ce souhait. Cette continuité s'est cassée pour un motif que je trouve absurde et même scandaleux, pour ne pas dire plus.

Reste à trouver, pour Yquem, pour le bien de ce vignoble exceptionnel, une continuité dans d'autres conditions ; je m'y attacherai avec ardeur.

Ce sera une autre façon de continuer l'œuvre de Françoise Joséphine. Peut-être en y associant encore un Lur Saluces. Sinon, il y aura un autre nom sur l'étiquette.

J.-P. K. – On soupçonnait il n'y a pas si longtemps Bernard Arnault de vouloir se servir du nom d'Yquem pour lancer d'autres produits. Cette menace vous paraît-elle aujourd'hui écartée ?

A. L. S. – Dans le passé, je me suis opposé pendant de nombreuses années à des usurpations pour des cigares, des parfums ou autres articles orientaux, et j'ai obtenu à chaque fois gain de cause. Une telle menace est écartée parce que Bernard Arnault me paraît tout aussi soucieux que moi de respecter le prestige d'Yquem. Cela passe par le refus de l'usage du nom d'Yquem pour autre chose que pour le vin issu de ses vignes.

J.-P. K. – Nous parlions, au début, du mythe qui reposait sur un équilibre idéal entre un lieu, un vin et une famille. Cet équilibre n'est plus le même à présent. Est-ce une menace pour le mythe ?

A. L. S. – J'ignore de quoi l'avenir sera fait et si on va, dans cinq ans ou dans dix ans regretter le « bon vieux temps », je sais que demain sera ce que nous voudrons qu'il soit ; je vais faire en sorte qu'Yquem se perpétue dans le nouveau contexte qui est aujourd'hui le sien. Avec un Lur Saluces de préférence, mais pas à cette condition seulement. Le mythe sera ce qu'on en fera, pour autant qu'on ait du pouvoir sur un mythe !

J.-P. K – Le mythe ne va pas disparaître mais ne risque-t-il pas de perdre de son éclat : goûter de l'Yquem en présence de Lur Saluces, ce n'est pas la même chose que le faire avec Bernard Arnault, remarquait-on dans un article de *Sud-Ouest Dimanche*. Qu'en pensez-vous ?

A. L. S. – Goûter Yquem en ma compagnie est tout de même un fait limité, heureusement il se déguste des bouteilles d'Yquem hors de ma présence. Il demeurera toujours une rencontre importante lors des visites conduites par ceux qui font le vin, je pense au maître de chai, Sandrine Garbay, aujourd'hui et à son équipe du chai, ou à Francis Mayeur, responsable de la production.

J.-P. K. – Certains, qui vous ont soutenu dans votre combat contre Bernard Arnault, sont déçus. Ils avaient manifesté leur solidarité dans un livre intitulé *Pour Yquem*. Que leur répondez-vous aujourd'hui ?

A. L. S. – En premier lieu, je remercie Denis Mollat, qui a su fédérer tous ces soutiens dans une période très tourmentée. Je me suis souvent référé à ce livre et à tous les témoignages d'encouragement qu'il contient. Ceci dit, lorsque j'ai dû tourner cette page, j'ai envoyé un mot à tous ceux que j'ai nommés « les amis d'Yquem » et qui risquaient d'être heurtés par ce qui semblait être un revirement, alors que je n'ai fait que céder aux événements. Ils m'ont compris je crois, quand ils ne m'avaient pas devancé en préconisant une solution amiable avec Bernard Arnault.

J.-P. K. – Vous vous sentiez donc soutenu dans cette affaire ?

A. L. S. – Ah oui ! Je me suis retrouvé, bon gré, mal gré, à la pointe d'un combat que beaucoup m'ont aidé à mener. Mes solides et fidèles avocats Danyèle Palazo-Gauthier et François Tosi se sont investis professionnellement avec toutes leurs compétences, mais aussi affectivement.

Au-delà de la complexité juridique, ils ont compris la dimension de l'aspect humain, de civilisation et de culture qui était en cause et qui était menacé.

Notre objectif commun était de sauver Yquem et le produit. Notre réflexion a évolué. Je leur sais gré de m'avoir aidé à trouver avec leurs adversaires un cadre permettant de concilier l'intérêt d'Yquem, même si pour faire face à l'obsession destructrice de certains membres de la famille nous avons dû nous associer avec un groupe, ce qu'aurait totalement réprouvé Françoise Joséphine. J'ai souvent pensé à elle dans nos négociations. Qu'aurait-elle fait ?

J'en ai conclu que ceux auxquels elle tiendrait la plus grande rigueur pouvaient être mon frère Eugène pour n'avoir pas respecté son testament, et mes cousins pour avoir bradé leurs racines.

Sauver Yquem par une alliance avec Bernard Arnault m'est apparu préférable à dix ans de plus de batailles juridiques, seul contre une famille qui a renié le sens du mythe.

J.-P. K. – Envisagez-vous cette nouvelle situation comme une défaite ?

A. L. S. – Cette situation est une défaite, mais familiale, pas personnelle. Je suis maintenant sans regrets.

J.-P. K.- Je voudrais, au terme de ces entretiens, Alexandre de Lur Saluces, me défendre d'un sentiment qui ressemble à de la tristesse, comme si cette histoire commencée il y a quatre siècles appartenait désormais au passé. Est-ce une ère à tout jamais révolue que nous avons évoquée ensemble ?

A. L. S. – Yquem pourrait donner un enseignement : nous récoltons des raisins qui passent pour perdus partout ailleurs. Nous redonnons vie à ce qui a l'apparence de la mort.

J.-P. K. – Il n'y a donc pas de fatalité ?

A. L. S. – Il me semble que la fin de ce long conflit intéressant Yquem peut être une chance. Une nouvelle opportunité se présente, pour ce domaine. S'appuyer sur un groupe évite à la fois les effets pervers des droits de succession et les problèmes familiaux, a fortiori, s'il est dirigé par des hommes enthousiastes et respectueux du prestige d'Yquem. Et puis, l'homme fait le vin, signe le vin mais réciproquement, la vigne domestique l'homme, l'apprivoise.
Je me réjouis de pouvoir maintenir ce vin tel qu'il est devenu, à travers de nouvelles alliances le protégeant des éventuelles menaces de l'avenir. Je crois avoir transmis Yquem aux générations futures, celles qui aimeront ce domaine et ce vin. Il fallait que ce virage, cette transmission s'accomplissent. Et puis, je pense depuis longtemps que vous démontrez, Jean-Paul, qu'il n'y a pas de fatalité tout à fait insurmontable.

1. *Pour Yquem*, ouvrage collectif, éditions Mollat, 1997, (édition hors commerce).

www.ingramcontent.com/pod-product-compliance
Lightning Source LLC
LaVergne TN
LVHW010531060726
842525LV00013B/3072